OMAR VICTOR DIOP

5 CONTINENTS

MAGNIN-A

OMAR VICTOR DIOP

SOMMAIRE *CONTENTS*

L'épiphanie du visage : les libérations visuelles d'Omar Victor Diop

Renée Mussai

« L'épiphanie du visage est visitation », écrit Emmanuel Lévinas dans son traité *Humanisme de l'autre homme* (1972) : « une ouverture dans l'ouverture[1] ».

C'est justement dans cette ouverture que se déploie le théâtre visuel d'Omar Victor Diop, à la fois conducteur et courant, où le visage de l'artiste, expressif, nu, magnifique, apparaît et réapparaît, doublé, triplé, multiplié, installé dans une dramaturgie soigneusement orchestrée, où sont soulevés, réarrangés, de multiples rideaux visio-épistémiques, et dévoilés différents mondes – dans lesquels entrent en collision de turbulentes constellations de passés, de présents et de futurs « de couleur ». Ces rideaux sont tissés à partir de la trame même de l'histoire, leurs textures, coutures et motifs remplis de nuances complexes – des « colorations » culturelles, politiques, idéologiques, ontologiques – pointant vers d'innombrables fenêtres interstitielles qui ouvrent à leur tour sur des constructions polyvocales, multitemporelles, de récits afro-diasporiques et sur les nouveaux savoirs cachés dans les plis.

« Le visage parle[2] » : la phénoménologie visuelle de Diop met au premier plan, comme immanente et non subsidiaire ou extra-curriculaire, l'expérience vécue des Noirs/Africains : des chapitres entiers d'une histoire culturelle élargie de l'humanité, représentatifs de la condition humaine, saturés – illuminés – à travers sa lentille. Par la grâce de la présence expressive du visage de l'artiste, couplée à son élégance vestimentaire et à une multitude de « mises en scène » méticuleusement construites, une vaste filiation se trouve évoquée, des micro- et macro-moments de l'Histoire visualisés, commémorés, amplifiés. L'artiste révèle pourtant peu de lui-même dans ces « auto »-portraits métaphoriques qui sont devenus la signature de son langage visuel vernaculaire, forgé par une pratique ludique de l'incarnation. Lui-même demeure un mystère, métaphysiquement absent malgré sa présence corporelle, et prêtant temporairement sa forme à un visiteur spirituel-pictural qui témoigne éloquemment de la poétique de la différence, laquelle transparaît dans la « nudité » même du visage de l'artiste[3] : non pas abstraite, mais infiniment présente, vivante. Diop choisit pour terrain d'action celui, décolonial, de la *résurrection ré-imag(in)ée*, convoquant un « autrement » pictural construit à partir d'un bric-à-brac de symbolisme, de manifestations, de révélations et, significativement, de libérations.

Dans les douze œuvres d'art qui forment la série *Liberty* (2016-2017), judicieusement sous-titrée *Chronologie Universelle de la Protestation Noire*, Diop revisite certains moments historiques majeurs de la révolte et de la lutte des Noirs d'Afrique et de la diaspora, explorant ce qui unifie et caractérise ce combat universel et incessant pour les libertés collectives et les droits humains. Couvrant une période qui va du XVIIIe au XXIe siècle, ces recréations imaginatives commémorent le riche répertoire mondial des mouvements pour l'indépendance et pour la justice sociale, attestant un esprit collectif de résistance et d'endurance. Tout au long de la série, l'artiste apparaît, vaste défi lancé au *(hi) storytelling* eurocentré, hétéronormatif et monolithique, comme le principal protagoniste – parfois suppléé par son *alter ego* féminin Khadija Boye – jouant différents rôles et incarnant une série de figures historiques et contemporaines emblématiques de révoltes fondées sur l'identité : depuis les cheminots de l'Afrique-Occidentale, les tirailleurs de la Seconde Guerre mondiale et les « Nègres marrons » de la Jamaïque jusqu'aux membres du Black Panther Party ou à l'infortuné Trayvon Martin, cet adolescent afro-américain dont le meurtre tragique est devenu le catalyseur du combat permanent contre la discrimination et le racisme perpétuels, systémiques, et l'emblème de la naissance du mouvement Black Lives Matter. Les événements majeurs de l'histoire du combat pour les droits civiques des Afro-Américains sont présentés à côté de moments clés de la lutte contre l'apartheid en Afrique du Sud, mais aussi de campagnes, moins connues, de résistance à l'oppression coloniale britannique, telle la révolte de 1929 dans le Sud-Est du Nigeria, menée par des femmes courageuses dont le militantisme constitue un exemple à la fois notable et précoce de contestation féministe et anticolonialiste.

Dans *Diaspora* (2014-2015), série de portraits rendant hommage à quatre siècles de diaspora africaine à travers quelques personnalités remarquables, les compositions audacieuses de Diop étaient imprégnées de références contemporaines au football et d'ambiguïtés codées. Ces clins d'œil éclairants nous invitent à considérer les présences historiques noires à la lumière des tensions qui prévalent entre une culture de la gloire, de la célébrité, de l'héroïsme, et une expérience vécue consistant à être en permanence – alors et maintenant, à l'intérieur/extérieur du portrait et sur le terrain – catalogué comme « autre », de façon à souligner la nature paradoxale et la toxicité bien ancrée de la politique raciale de violence/inclusion/exclusion qui demeure *à l'œuvre* aujourd'hui encore : une experience qu'ont en partage les actuels footballeurs « de couleur » en Europe et les gardiens noirs de l'héritage africain auxquels font référence certains portraits de la série. Caractérisée par cet hédonisme vestimentaire qui est la touche idiosyncratique de Diop, mêlant auto-façonnage et représentation militante, la série *Diaspora* fait défiler un fascinant cortège de figures historiques, une biographie collective faite de la vie de ceux qui consacrèrent toute leur force d'âme à être pionniers du progrès social et militants des droits humains. Dans l'un des portraits les plus remarquables de la série, Diop incarne Frederick Douglass (1818-1895), ancien esclave qui fut un militant abolitionniste, un homme politique et un écrivain célèbre – au point d'être probablement l'Américain le plus photographié au XIXe siècle[4] –, dont la présence atteste avec acuité le potentiel libérateur de la photographie, de l'(auto-)représentation agentielle, de la « faculté de faire image » et du changement social qu'elle implique, avec une fois de plus pour boussole, selon les propres mots de Douglass, « le visage, l'inévitable visage[5] », dont la capacité réfléchissante nous permet de « nous voir nous-mêmes », représentés[6].

Dans son dernier travail en date, *Allegoria* (2021), série de quinze tableaux soigneusement construits, l'artiste – revêtu d'atours cosmopolites, tant cérémoniels que profanes, allant du *casual wear* urbain au boubou sénégalais, sur fond d'images de la flore et de la faune du monde entier découpées dans de vieilles encyclopédies – aborde les sphères de la fabulation visuelle spéculative, en considérant le destin de l'humanité au lendemain de catastrophes climatiques, de dévastation écologique et de désastres environnementaux dans un « monde multi-espèces dangereusement transformé[7] ».

Les vibrants tableaux allégoriques de Diop, débordants d'allusions bibliques, de créatures enchantées et de formations végétales, insistent sur la façon dont humains et non-humains sont inextricablement liés par ce que la biologiste et philosophe des sciences Donna J. Haraway définit avec brio comme des « pratiques tentaculaires » marquées par la « *sym-poïesis*[8] » – *faire avec, être avec, penser avec* – et connectant les organismes planétaires entre eux, dans un monde biodivers aux prises avec le chaos écologique, la fonte accélérée des calottes glaciaires et le réchauffement de l'atmosphère : le changement climatique frappe de façon irrémédiable et disproportionnée les peuples indigènes du Sud, au premier rang desquels ceux du continent africain.

Ces créations aussi saisissantes que clairvoyantes, conçues comme de pressantes méditations et lamentations, teintées à la fois de nostalgie, de mélancolie et d'optimisme – pressentiments somptueusement mis en scène ? – et forgées dans l'imaginaire, dans le royaume du fantastique, dans l'enchevêtrement intertemporel d'un « ailleurs » où humains et « autres qu'humains » coexisteraient en une harmonie riche de potentialités symbiotiques et exempte de hiérarchie, car favorisant les solidarités et cultivant un « autrement » prometteur où nous puissions réajuster notre relation avec la nature et l'ensemble des formes de vie sur la planète.

Suite incisive de *Diaspora* et de *Liberty*, *Allegoria* referme le cercle en ancrant puissamment les reconfigurations méticuleuses de Diop dans le moment présent du temps, et nous invite à une réflexion critique sur la justice environnementale, sur l'anthropocentrisme et sur la responsabilité qui nous incombe, collectivement et individuellement, de rendre possible un futur plus viable, plus habitable. Comme dans ses créations précédentes, les réinterprétations spectaculaires de Diop empruntent ostensiblement à différents genres, parmi lesquels la peinture classique, les iconographies religieuses du monde entier, la photographie de studio du milieu du XXe siècle en Afrique occidentale, mais aussi les compositions xylographiques japonaises (*ukiyo-e*, « images du monde flottant ») de l'époque d'Edo. Ces œuvres métaphoriques mettent l'accent sur le caractère éphémère de la vie humaine, ainsi qu'il ressort de façon évidente de l'ultime tableau de la série, le saisissant *Allegoria 15*, qui illustre avec force l'idée de survie collaborative. Auto-façonnage politiquement délibéré, scénographie historique et stylisation esthétique des identités noires diasporiques et africaines sont ici associés de façon inventive à des réflexions écologiques et à des inscriptions indigènes. Diop prête son inimitable expressivité à chacune de ses créations, dans lesquelles, plus instamment et magnifiquement que jamais, « l'épiphanie du visage est vivante[9] ».

Londres, juillet 2021

1. Emmanuel Lévinas, *Humanisme de l'autre homme* (Fata Morgana, 1972, rééd. Biblio Essais, Le Livre de Poche), p. 67 : « La manifestation du visage est le premier discours. Parler, c'est, avant toutes choses, cette façon de venir de derrière son apparence, de derrière sa forme, une ouverture dans l'ouverture. »
2. *Ibid.*, p. 67 : « … le visage parle. »
3. *Ibid.*, p. 68 : « La nudité du visage est un dépouillement sans aucun ornement culturel – une absolution –, un détachement de sa forme au sein de la production de la forme. »
4. Voir : John Stauffer, Zoe Trodd et Celeste-Marie Bernier (sous la direction de), *Picturing Frederick Douglass: An Illustrated Biography of the Nineteenth Century's Most Photographed American* (W. W. Norton & Company Ltd, Londres et New York, 2015).
5. *Ibid.*, p. 142. Dans *Age of Pictures* (1862), texte d'une conférence que lui inspira la popularité croissante de la photographie, Douglass écrivait : « Aucun homme ne songerait à publier un livre sans y joindre son portrait. Qu'il soit beau ou quelconque, viril ou non, n'a aucune importance ; il faut que le visage, l'inévitable visage, soit là pour accueillir les sourires ou les froncements de sourcils de ses lecteurs. »
6. *Ibid.*, p. 173. Dans *Pictures and Progress*, l'un de ses quatre essais sur la photographie publiés en 1864, Douglass postulait que, dans les mots comme dans les images, nous ne voyons « pas seulement des hommes et des femmes, mais *nous-mêmes* ».
7. Donna J. Haraway, *Staying with the Trouble: Making Kin in the Chthulucene*, Duke University Press, Durham (Caroline du Nord) et Londres, 2006, p. 6.
8. *Ibid.*
9. Emmanuel Lévinas, *op. cit.*, p. 67 : « …l'épiphanie du visage est vivante ».

The Epiphany of the Face: Omar Victor Diop's Visual Liberations

Renée Mussai

"The epiphany of the face is visitation," writes French philosopher Emmanuel Levinas in his existentialist treatise *Humanism of the Other* (1972), "an opening in the opening."[1]

It is precisely in this opening that the visual theater of Omar Victor Diop unfolds, conductor and conduit, where the artist's face—expressive, naked, exquisite—appears and reappears—doubled, tripled, multiplied—poised in a carefully orchestrated dramaturgy, where manifold visio-epistemic curtains are lifted, rearranged, and different worlds unveiled... where vivid constellations of pasts, presents, and futures *of color* collide. These curtains are woven from the very fabric of history, their patterns and textures and seams full of complex hues—cultural, political, ideological, ontological *colorings*—hues that point to myriad, interstitial windows, which in turn open to multi-temporal, polyvocal constructions of Afrodiasporic narratives and new knowledges hidden in the folds.

"The face speaks"[2]: Diop's visual phenomenology foregrounds the lived Black/African experience as immanent, not subsidiary or extracurricular: integral chapters in the wider cultural history of humanity, representative of the human condition, saturated—illuminated—through his lens. By virtue of the expressive presence of the artist's face, coupled with sartorial elegance and a plethora of meticulously constructed *mise-en-scènes*, a great lineage of people is conjured, micro and macro moments in history visualized, memorialized, amplified. Yet the artist reveals little about himself in these metaphorical "self"-portraits that have become the signature of his visual vernacular, forged by a praxis of playful embodiment. He remains a mystery, metaphysically absent despite his corporeal presence, temporarily lending his form to a spiritual-pictorial sojourner that speaks eloquently to the poetics of difference, signified in the very "nudity" of the (artist's) face[3]: not abstract, but infinitely present, alive. Thus, Diop operates in the decolonial terrains of *resurrective re/imag(in)ing*, conjuring a pictorial *otherwise* built from a bricolage of symbolism, manifestations, revelations, and, significantly, liberations.

In the twelve artworks that comprise "Liberty" (2016–17), aptly subtitled "A Universal Chronology of Black Protest," Diop reinterprets defining moments of historical revolt and Black struggle in Africa and the diaspora, exploring what unifies and defines these ongoing global fights for collective freedoms and human rights. Spanning the eighteenth to the twenty-first centuries, these imaginatively recast tableaux commemorate a rich repertoire of global independence movements and social justice campaigns, testament to the collective spirit of resistance and endurance. A grand challenge to monolithic, heteronormative, Eurocentric (hi)story-telling, the artist appears as the main protagonist throughout the series—at times represented by his female alter ego, Khadija Boye—enacting different roles and embodying a range of historical and contemporary figures emblematic of identity-based rebellions: from West African railway workers, Second World War soldiers and Jamaican maroons to members of the Black Panther Party or the late Trayvon Martin, the African American teenager whose tragic murder became a catalyst in the ongoing battle against perpetual, systematic racism and discrimination as epitomized by the birth of the Black Lives Matter movement. Major events in African American civil rights history are restaged alongside key moments in the South African struggle against apartheid, juxtaposed with lesser-known resistance crusades against (British) colonial oppression, such as the sociopolitical uprisings in southeastern Nigeria staged by courageous women whose activism constitutes an important early example of feminist, anti-colonial protest.

In "Diaspora" (2014–15), a series of honorific portraits celebrating four centuries of notable Africans in the diaspora, Diop's bold compositions are imbued with contemporary football references and coded ambiguities. These playful, illuminating gestures invite us to consider historical Black presences in the light of prevailing tensions between cultures of glory, celebrity, and hero worship, and the experience of being continually *framed* as "other"—on the pitch, inside/outside the picture—then, and now—highlighting the paradoxical nature and deep-seated toxicity of racial politics of abuse/inclusion/exclusion still *at play* today, experiences shared between modern-day footballers *of color* in Europe and the Black sitters of African heritage in the historical paintings referenced throughout the series. Characterized by (his) sartorial indulgence—Diop's idiosyncratic blend of (self-) fashioning and representational politics—"Diaspora" features an intriguing cast of historical figures, their collective biographies reflecting diasporic lives of fortitude, pioneering social change, and human rights activism. In one of the series' most remarkable portraits, Diop embodies Frederick Douglass (1818–1895), formerly enslaved African American abolitionist, politician, and celebrated writer—and arguably the most photographed figure of the nineteenth century[4]—whose presence in the series speaks poignantly to photography's potential for liberation, agential (self-) representation, and the *power of picture-making* as social reform, signaled once again, in Douglass's own words, by "the face, the inevitable face"[5] and its mirroring ability: to *see ourselves*, represented.[6]

In his latest work, Diop engages the spheres of speculative visual fabulation: in "Allegoria" (2021), a series of fifteen carefully constructed, painterly tableaux, the artist—clad in cosmopolitan, ceremonial, and secular guises, oscillating between casual urban attire and traditional Senegalese *boubou* dress, pictured amid cut-out ornamentation from vintage encyclopedias of transnational flora and fauna—considers the fate of humanity in the wake of unfolding climate catastrophes, ecological devastation, and environmental disasters in a "dangerously troubled multispecies world."[7]

Diop's vibrant allegorical tableaux—filled with a plethora of biblical allusions, enchanting creatures, and horticultural formations—emphasize how the human and nonhuman are inextricably linked by what feminist scholar Donna J. Haraway brilliantly describes as "tentacular practices" marked by "sym-poiesis"[8]—*making with—being with—thinking with*—that connect planetary organisms in a biodiverse world deeply entrenched in ecological trouble, held in the grip of expeditiously melting ice caps and warming atmospheres: zones of climatic change impacting, disproportionately, fatally, excessively, indigenous people in the Global South including the African continent.

Arresting and discerning, these works are conceived as urgent meditations and laments, tinged with a simultaneous sense of nostalgia, melancholia, and optimism—beautifully staged forebodings, perhaps?—forged in the imaginary, in the realms of the fantastic, in a someplace-somewhere entangled geo-timescape, where human and *other-than-human* beings coexist in a space of harmony and symbiotic, nonhierarchical potentiality: practicing kinship, cultivating a promising *otherwise*, where we may recalibrate our relationship with nature and all forms of life on this planet.

A compelling sequel to "Diaspora" and "Liberty," "Allegoria" brings the series full circle, firmly anchoring Diop's meticulously crafted reconfigurations in this present moment of time, inviting us to think critically about environmental justice, anthropocentricism, and our collective and individual responsibilities in securing more viable, liveable futures. As in previous works, Diop's dramatic renditions borrow openly from different genres that include classical painting, universal religious iconography, and mid-century West African photographic studio portraiture, as well as Japanese *ukiyo-e* woodblock compositions from the Edo period—"pictures of the floating world." These metaphorical works emphasize the transitory nature of human life, as evident in the series' closing composition—the striking *Allegoria 15*, which powerfully illustrates ideas of collaborative survival. Here, the cultural politics of self-fashioning, the recasting of histories, and the aesthetic styling of Black diasporic/African identities are creatively coupled with ecological reflections and indigenous inscriptions. Diop lends his uniquely expressive countenance to each of his creations, where, once again, as ever, insistently, exquisitely, "the epiphany of the face is alive."[9]

London, July 2021

1. See Emmanuel Levinas, *Humanism of the Other* (1972) (Urbana and Chicago: University of Illinois Press, 2006), p. 31. "...and the manifestation of the face is the first discourse. Speaking is first and foremost this way of coming from behind one's appearance, behind one's form; an opening in the opening."
2. Ibid., p. 31. "...the face speaks."
3. Ibid., p. 32. "The nudity of the face is a stripping with no cultural ornament—an absolution—a detachment of its form in the heart of production of form."
4. See John Stauffer, Zoe Trodd, and Celeste-Marie Bernier (eds.), *Picturing Frederick Douglass: An Illustrated Biography of the Nineteenth Century's Most Photographed American* (London and New York: W.W. Norton & Company Ltd, 2015).
5. Ibid., p. 142. In *Age of Pictures* (1862), a lecture inspired by the rising popularity of picture-making, Douglass writes: "No man thinks of publishing a book without sending his picture to the world with it. He may be handsome or homely, manly or otherwise, it makes no difference; the face, the inevitable face, must be there to meet the smiles or frowns of his readers."
6. Ibid., p. 173. In *Pictures and Progress*, one of four lectures on photography written in 1864, Douglass posits that in words and pictures we see "not only men and women, but *ourselves.*"
7. Donna J. Haraway, *Staying with the Trouble: Making Kin in the Chthulucene* (Durham, NC, and London: Duke University Press, 2006), p. 6.
8. Ibid.
9. Levinas, p. 31. "The epiphany of the face is alive."

ALLEGORIA

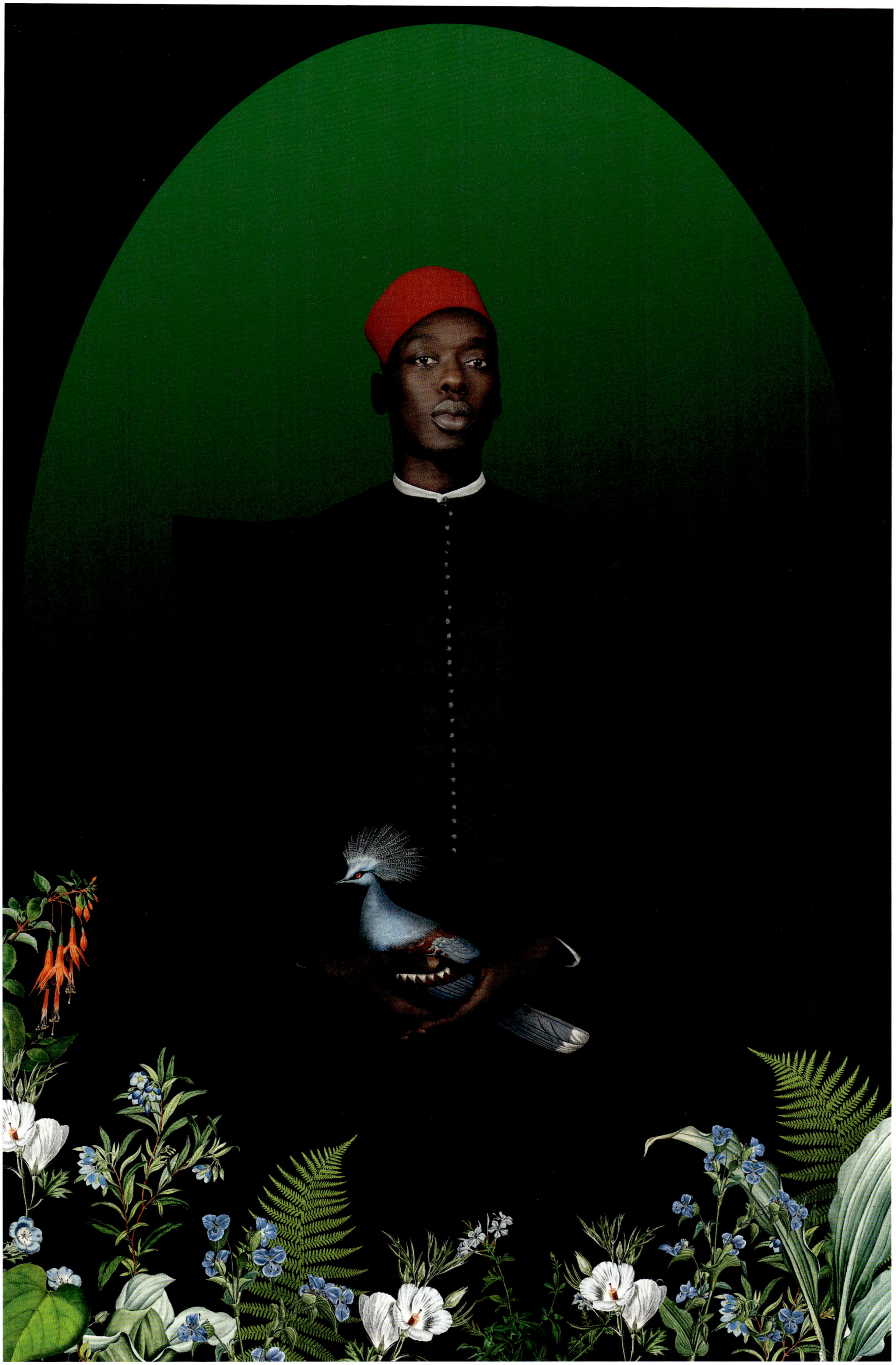

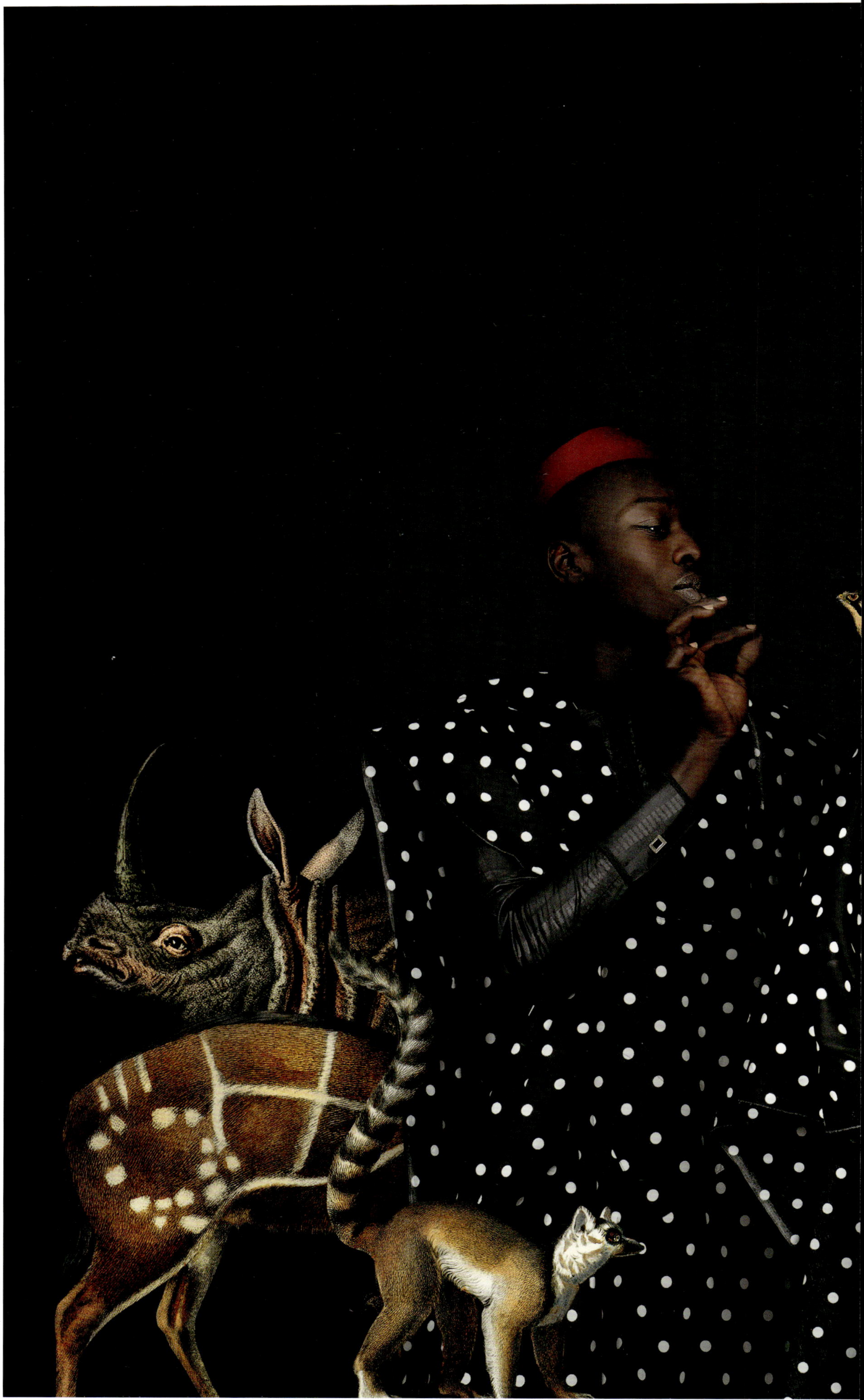

Allegoria 1, 2021
Allegoria 4, 2021

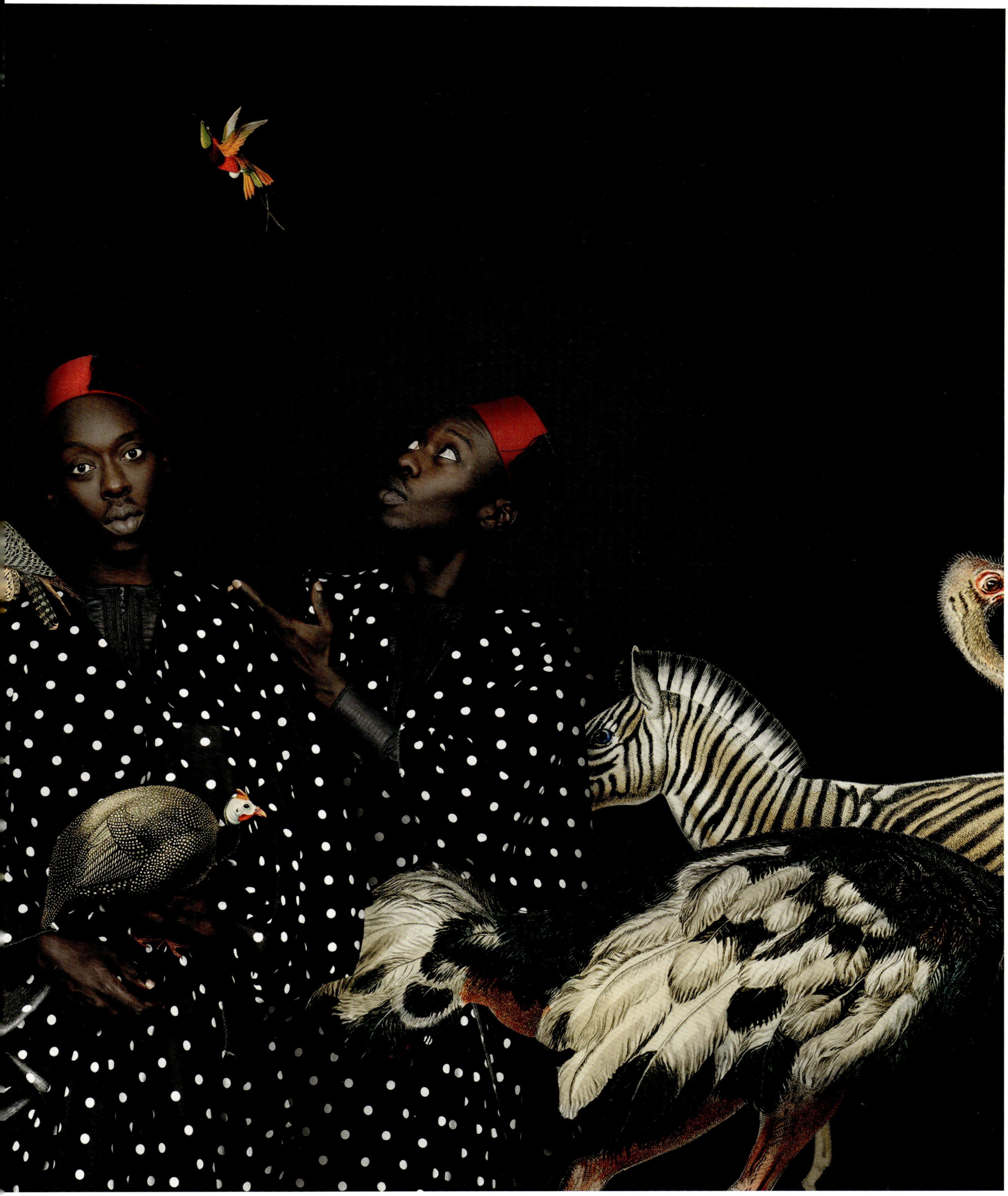

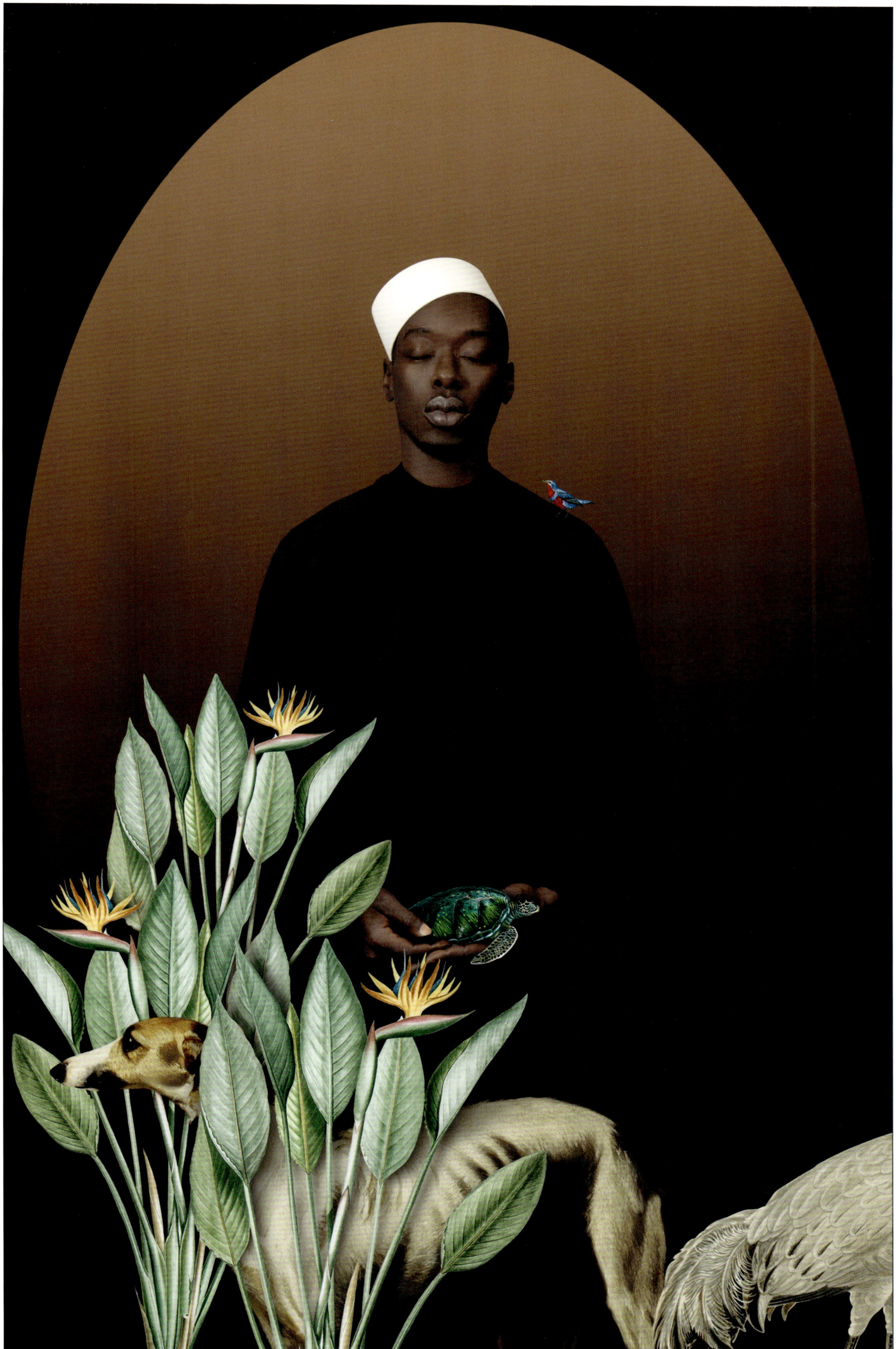

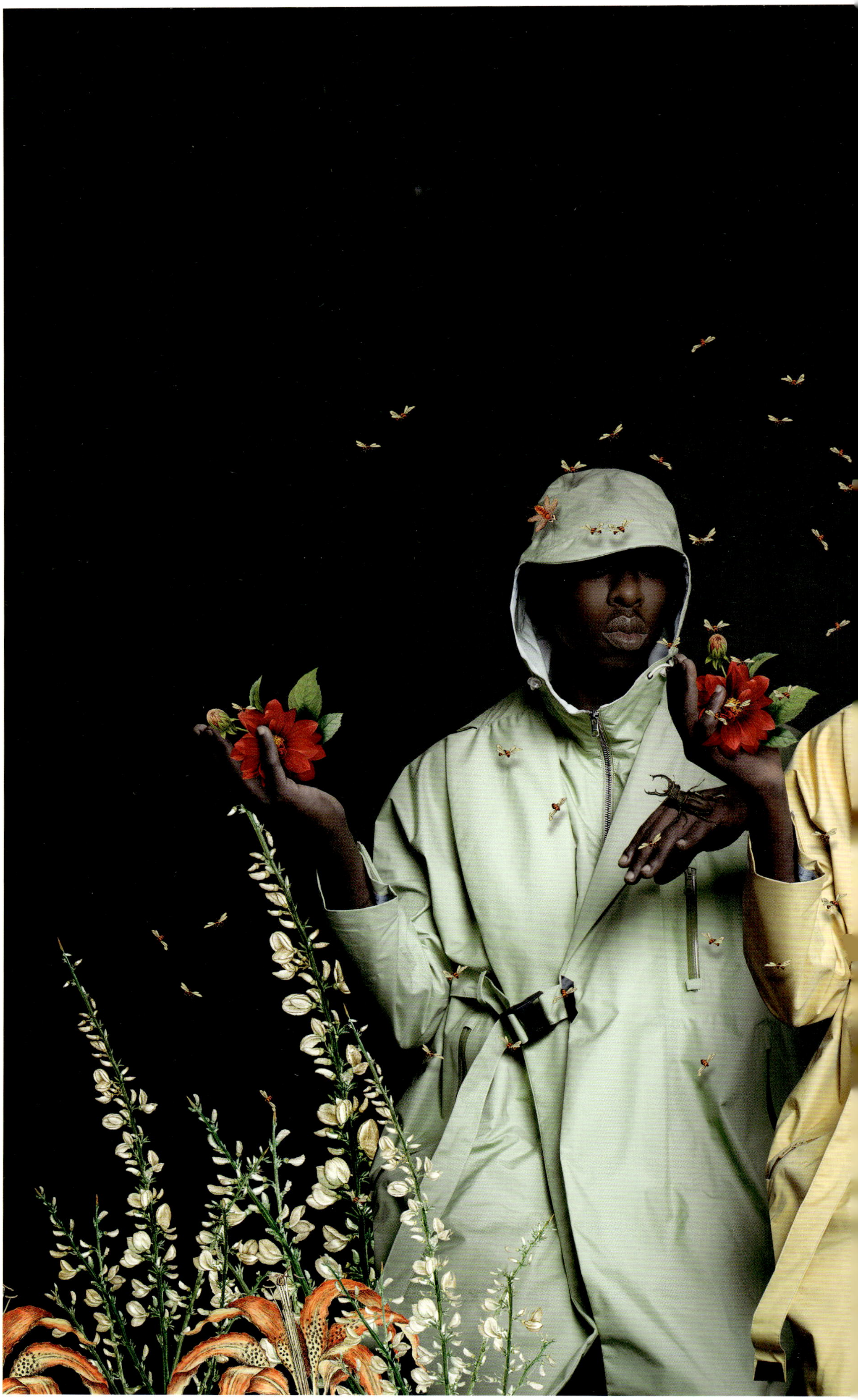

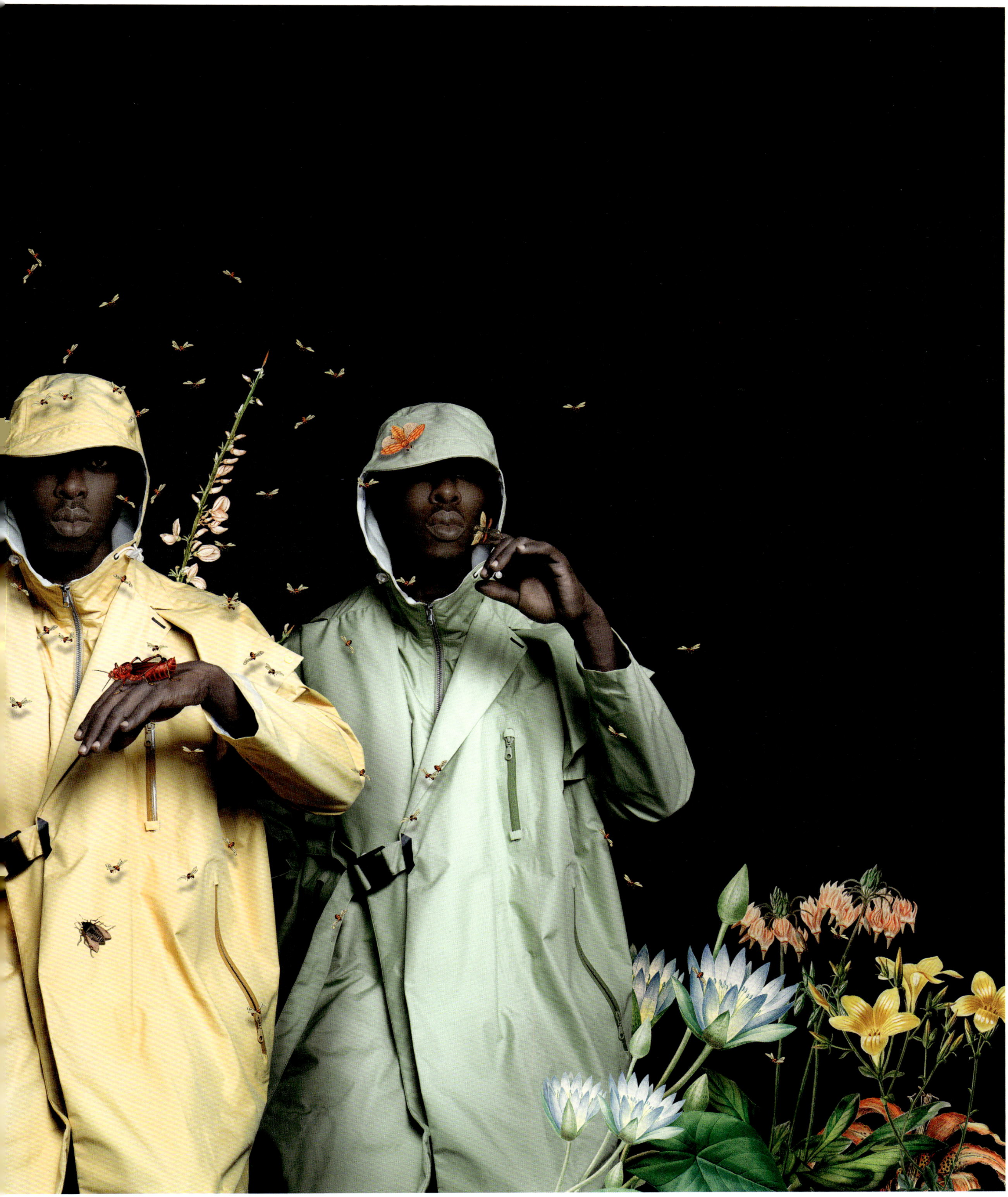

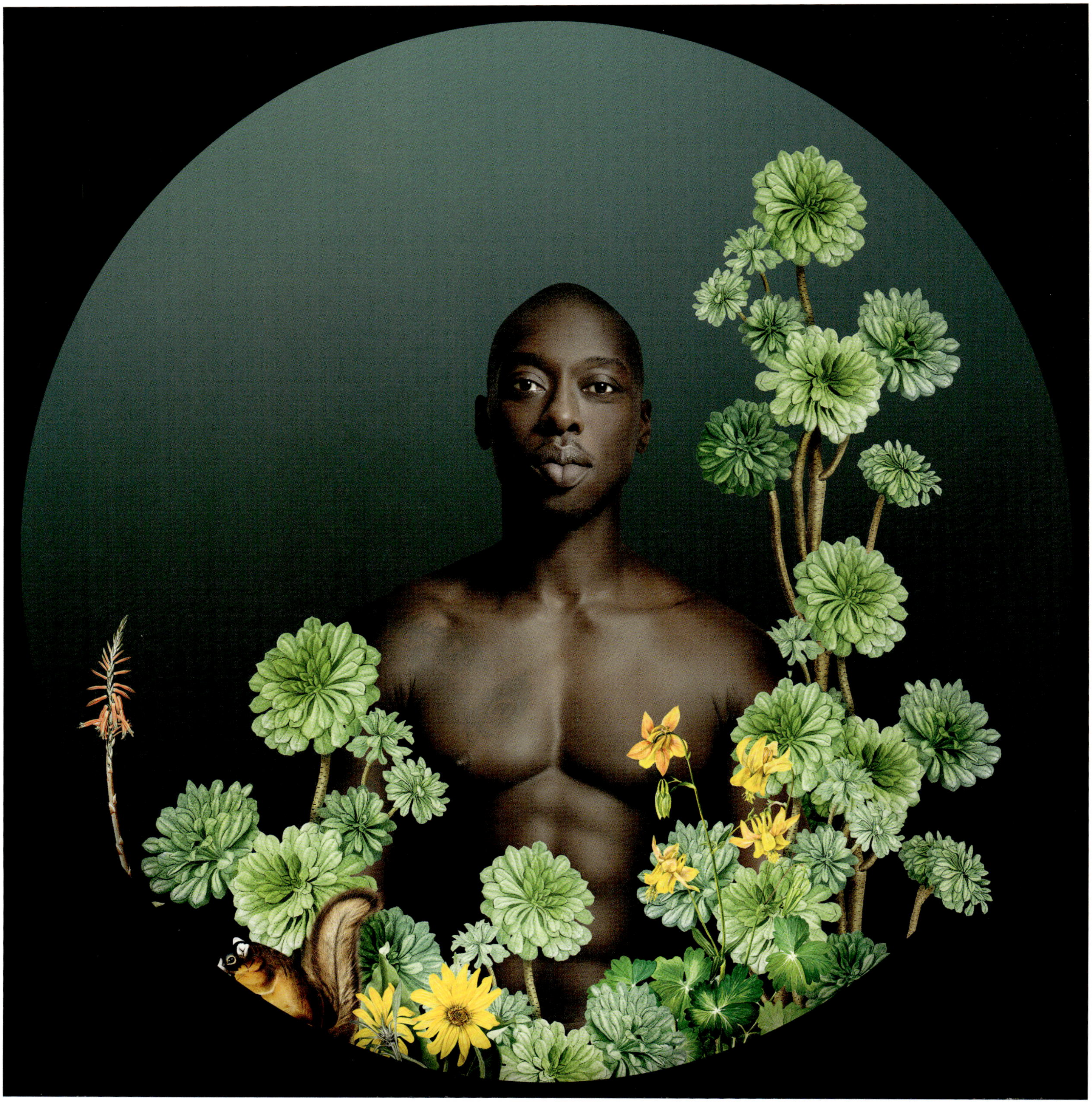

Allegoria 7, 2021

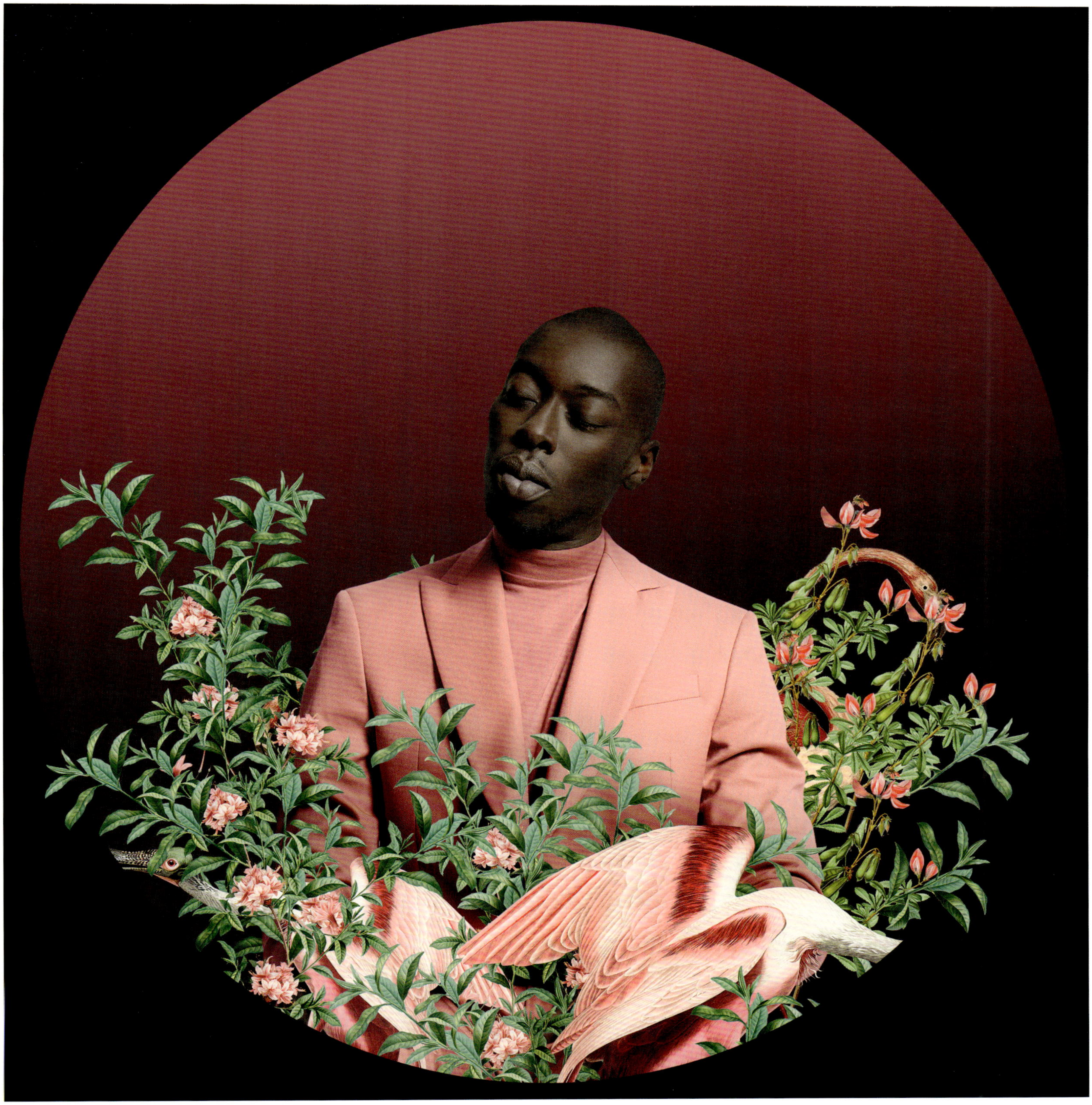

Allegoria 8, 2021

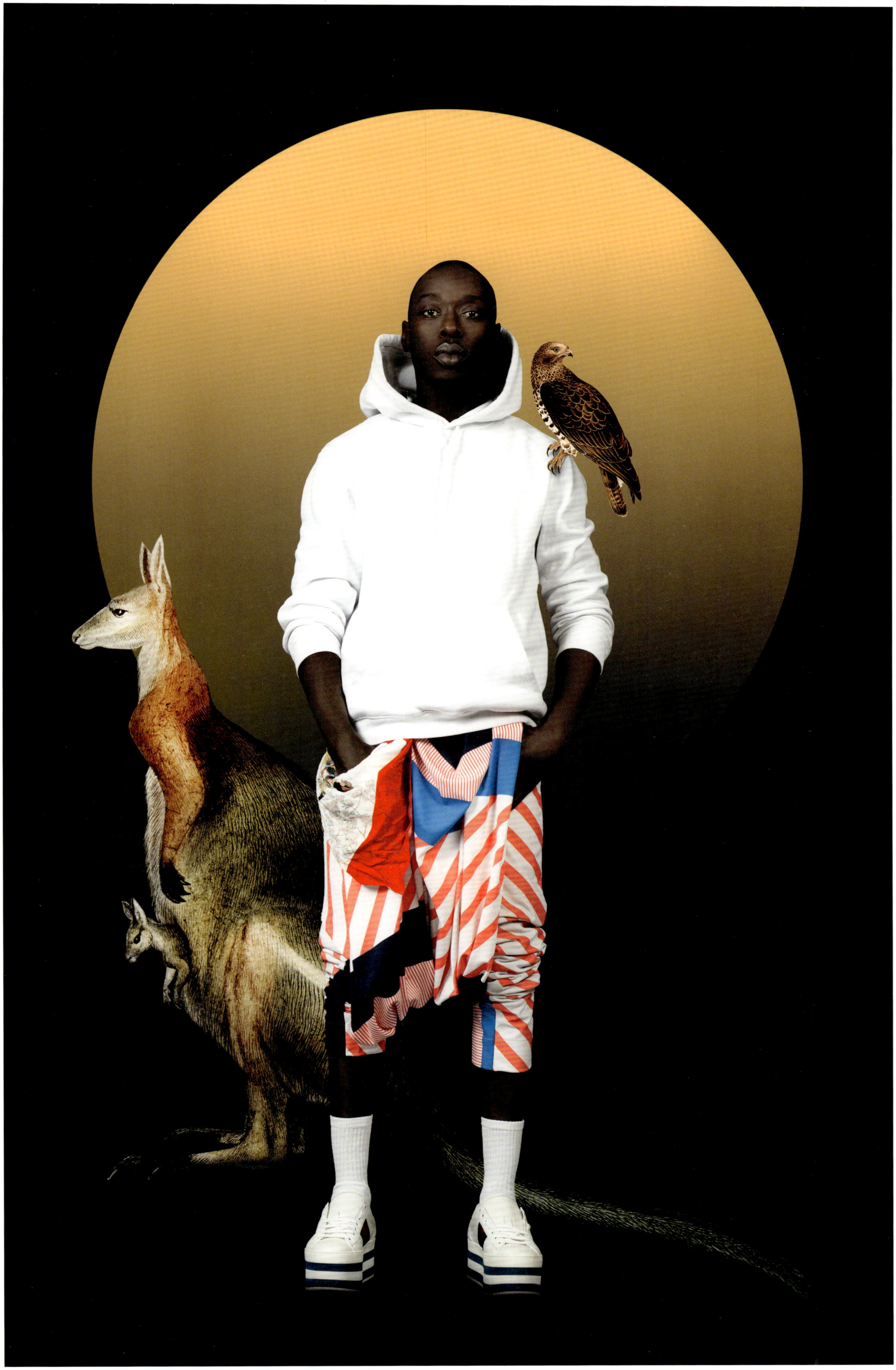

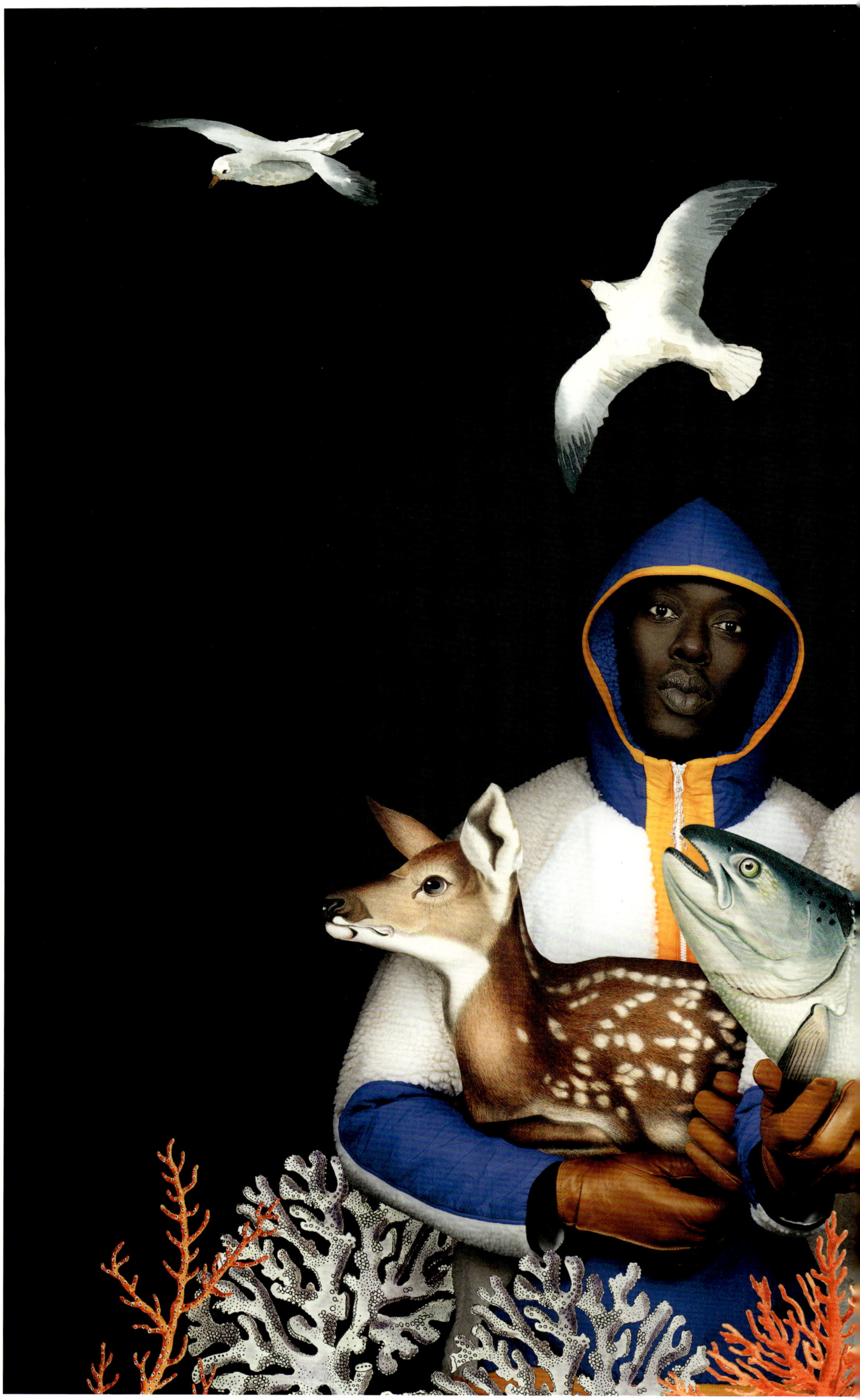

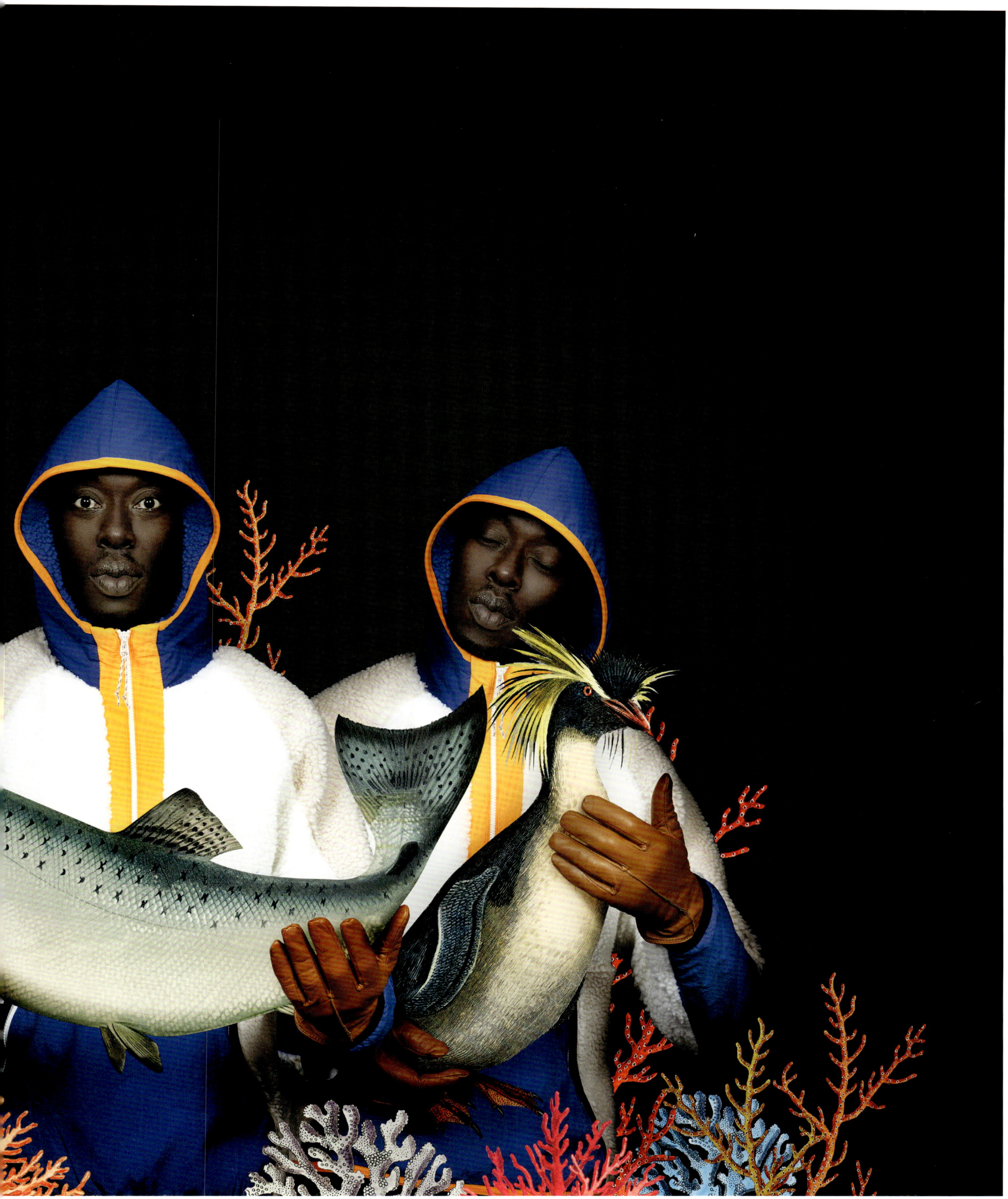

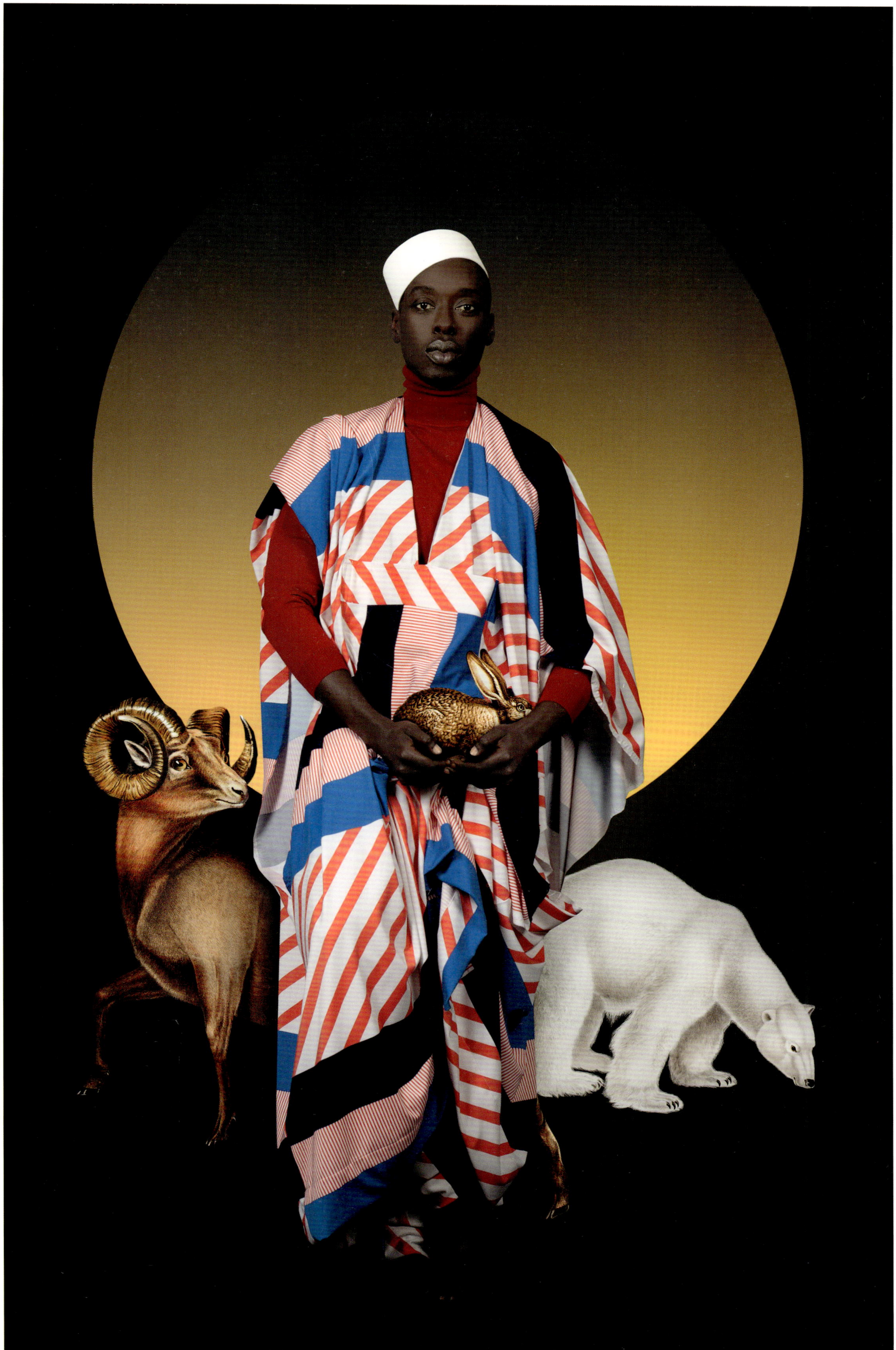

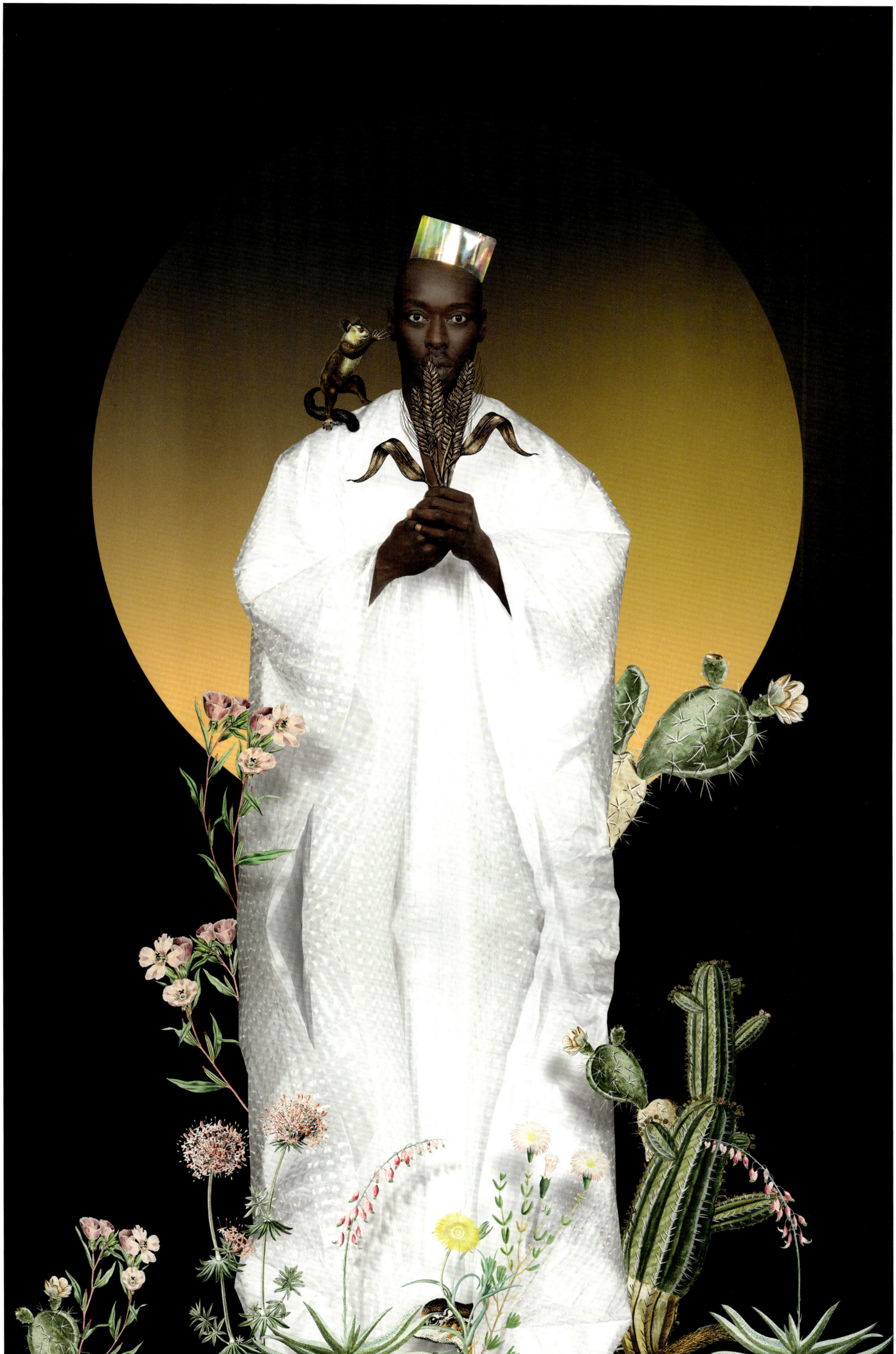

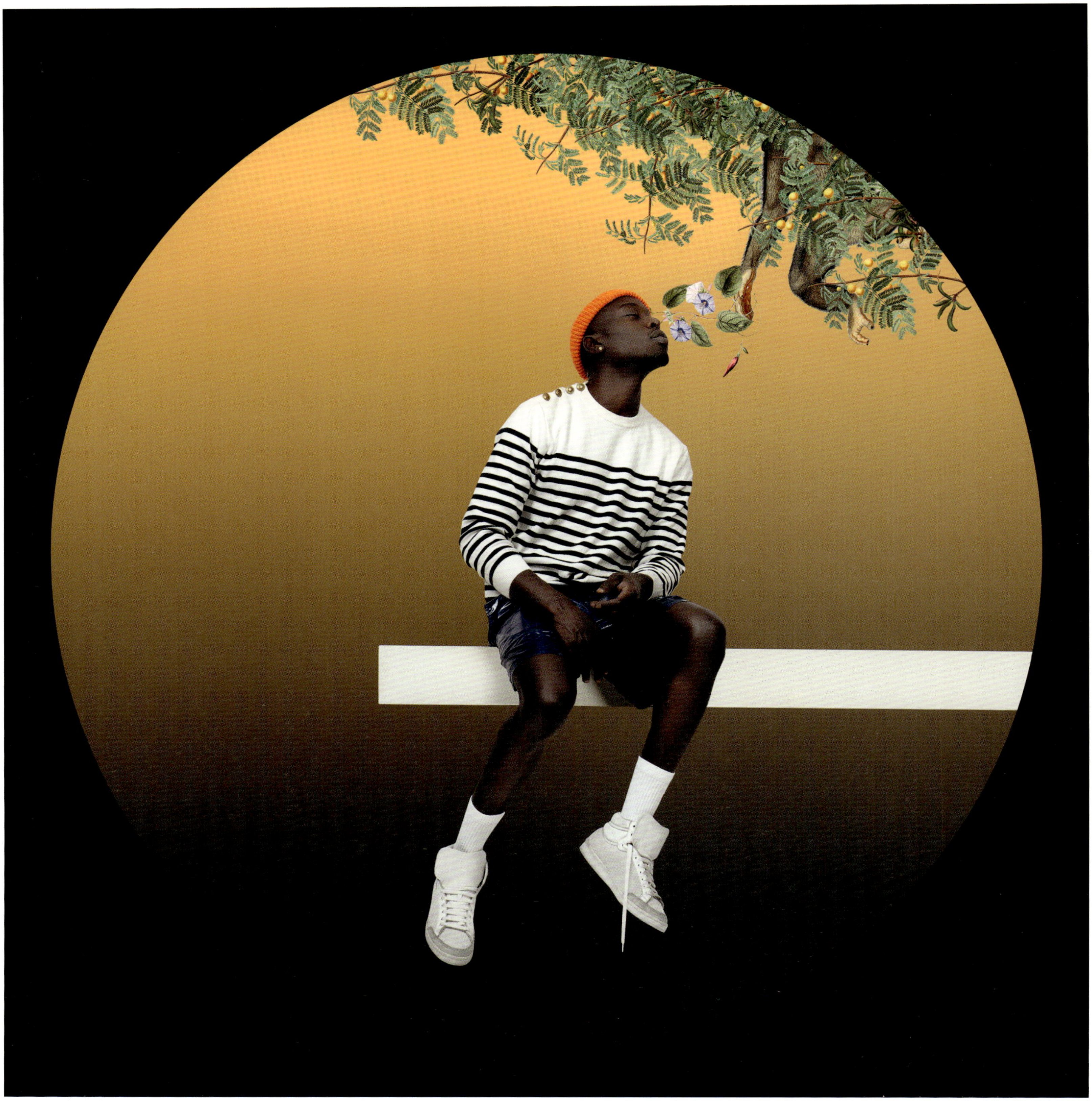

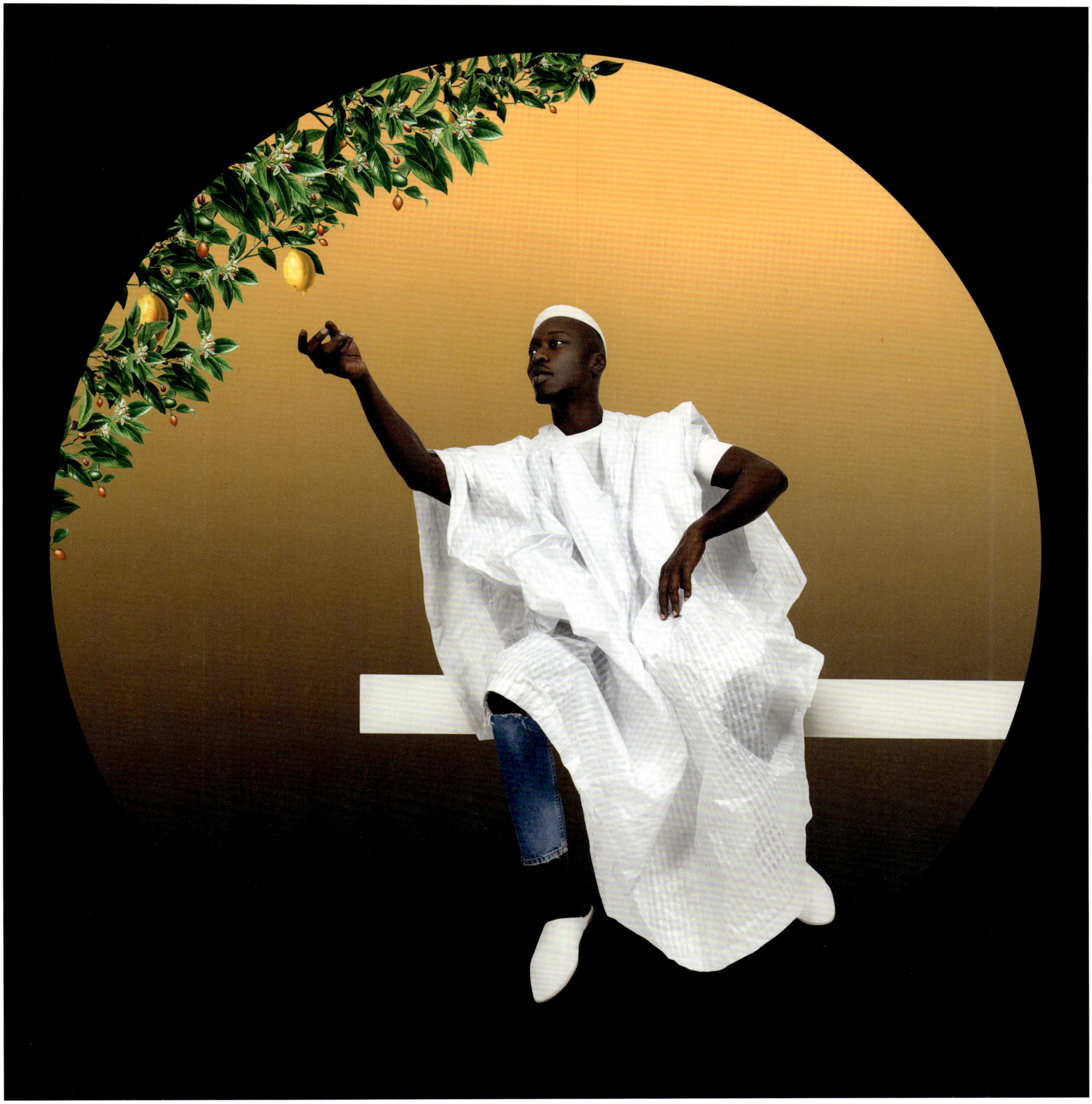

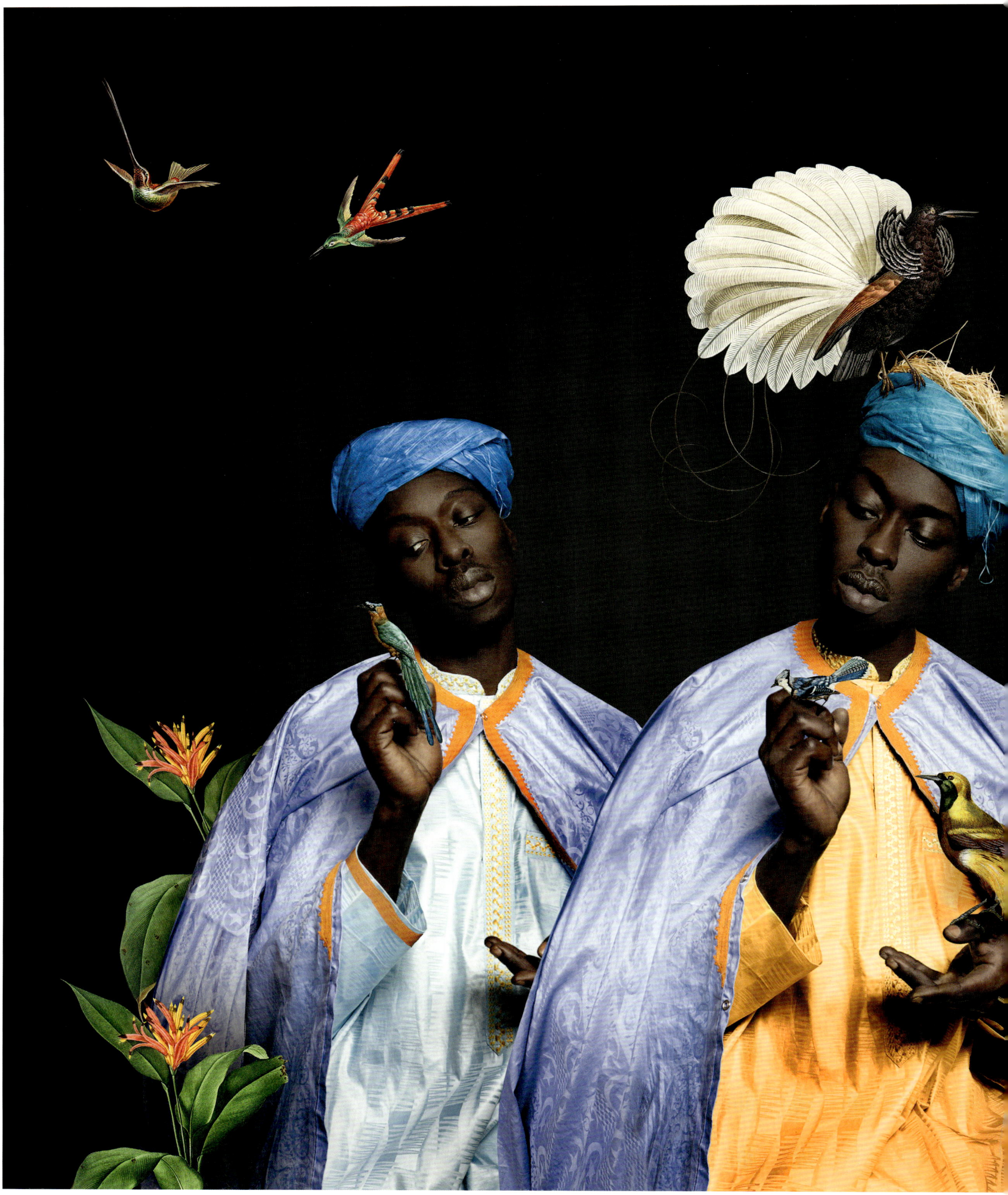

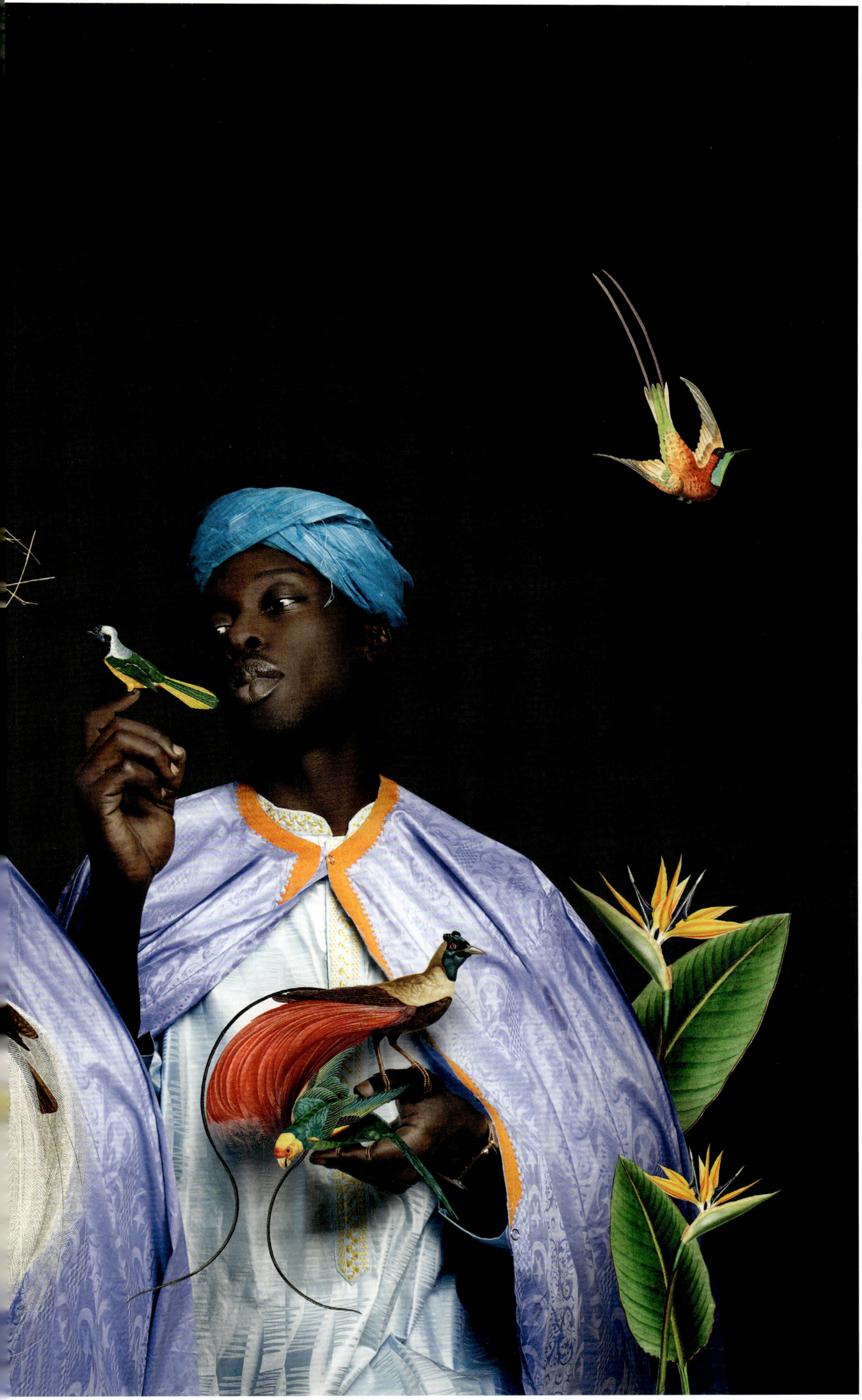

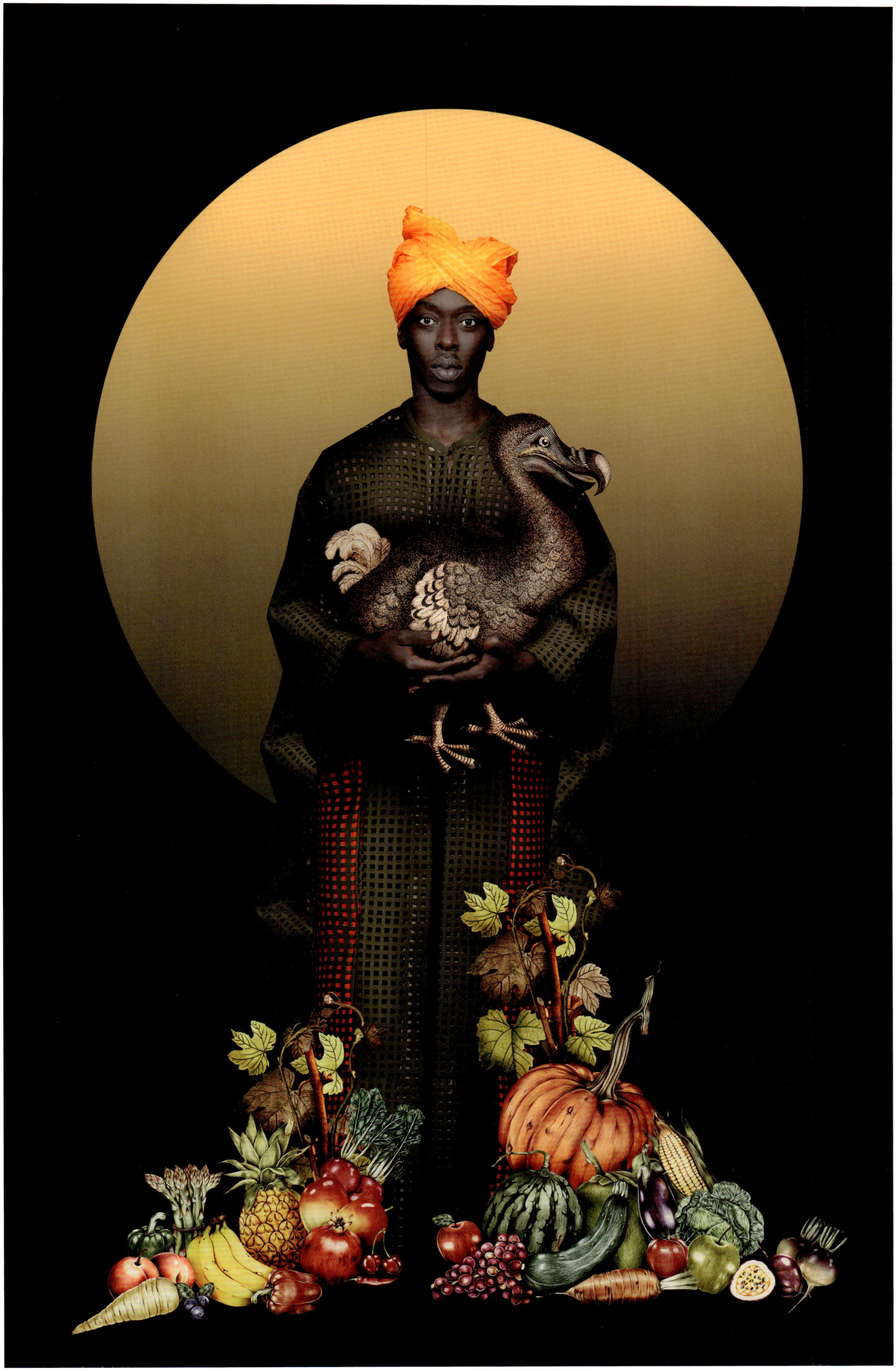

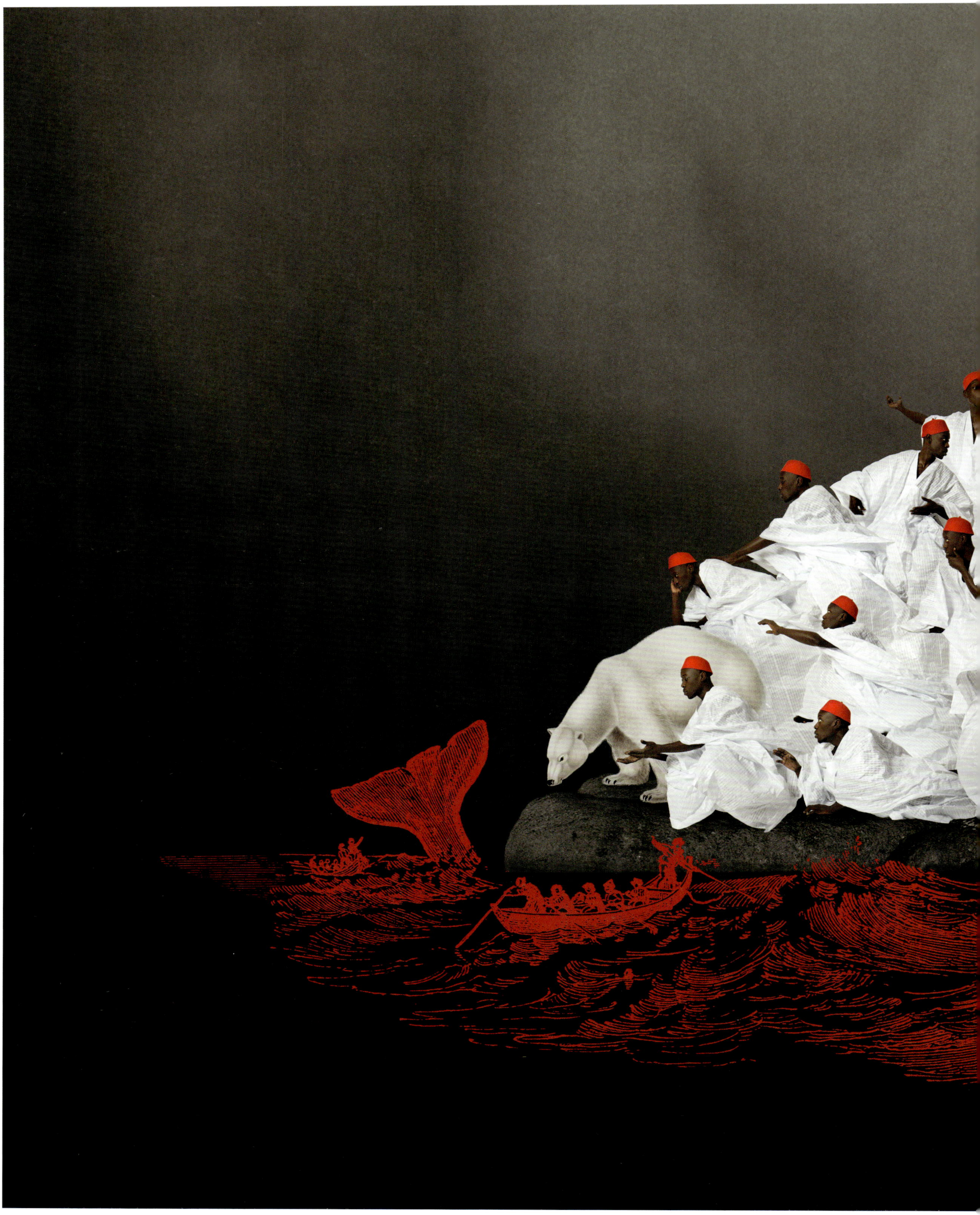

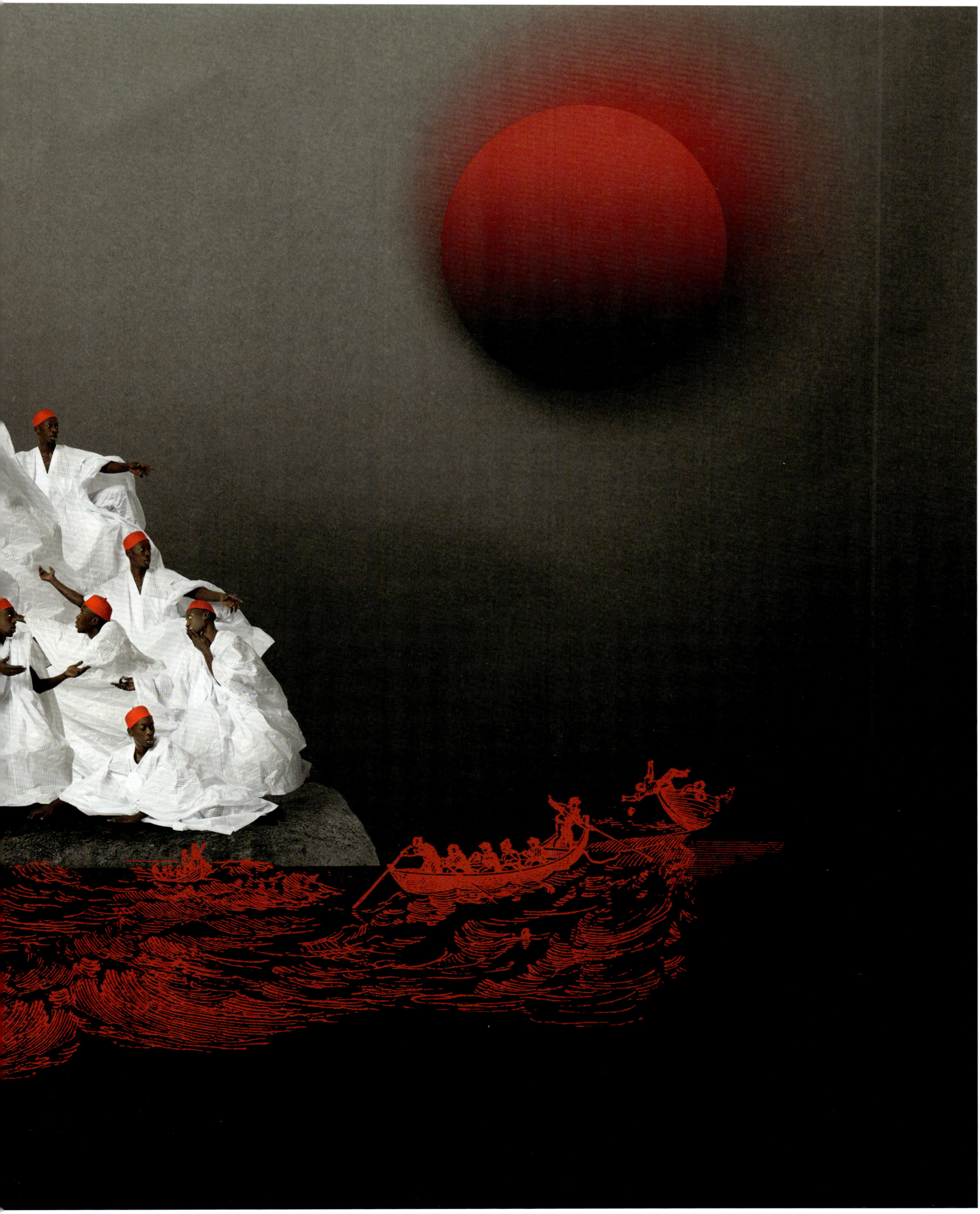

Image noire, esprits noirs : histoire, photographie et politique raciale dans l'œuvre d'Omar Victor Diop

Imani Perry

Un spectre hante l'Occident depuis des siècles : le spectre de l'Humanité noire. Dès ses débuts, au XIXe siècle, la photographie – en particulier lorsqu'elle représentait des Africains – a été enrôlée en tant qu'instrument de l'Empire et de la suprématie blanche. Les images ont servi, dans les différentes disciplines académiques qui ont été affinées sous l'Empire – anthropologie, religion, biologie, etc. –, à une évaluation diagnostique des Africains, évaluation qui a évidemment légitimé l'exploitation des ressources de l'Afrique et la marchandisation du corps noir. Mais les Africains, séduits à la fois par la technologie et par la possibilité de se représenter eux-mêmes, ont très tôt subverti l'image qui était donnée de leur corps. C'est dans cette tradition, qui ne se borne pas à régler des comptes avec le passé, que s'inscrit Omar Victor Diop. L'Afrique, aujourd'hui encore, continue d'être déformée, historiquement et culturellement, en tant que point d'origine, et les sujets noirs du monde entier d'être tout aussi routinièrement rabaissés. Sans doute les caricatures aux yeux globuleux et aux lèvres roses sont-elles moins présentes, mais les idées reçues liées au corps noir – présumé animal, hypersexué, surhumain, monstrueux ou mécanique – demeurent.

La tradition choisie par Omar Victor Diop, celle du rejet d'une représentation raciste, recherche certes la confrontation avec le suprémacisme blanc, mais jamais – il faut insister sur ce fait – elle ne s'est laissée brider par l'imaginaire blanc. La création d'images est en effet un terrain privilégié de la contestation des termes imposés par un Occident dont elle hante les fictions et les valeurs par sa beauté irrépressible et riche de possibilités.

Quelques-unes des toutes premières images d'Africains de l'Ouest sont dues au Français Jules Alphonse Eugène Itier. Passionné par la daguerréotypie, il emporta son matériel dans les différents postes où le conduisit sa carrière de receveur des douanes, en particulier dans les colonies françaises : au Sénégal, en Guyane, aux Antilles, où ses supérieurs recensaient les ressources et la main-d'œuvre susceptibles d'être exploitées de façon à asseoir la prospérité de l'Empire, en s'appuyant sur les documents visuels par lui produits pour légitimer la colonisation. Itier, par la suite, se rendit également en Asie, et c'est d'ailleurs pour ses images de Chine qu'il est surtout connu. Ses voyages étaient en réalité des incursions qui s'inscrivaient dans le projet colonial français, lequel était dans la droite ligne de la participation active de la France au commerce transatlantique des esclaves. Ainsi la noirceur de peau se vit-elle longtemps assigner une signification visant à justifier la domination exercée sur les corps noirs et sur les terres africaines.

La France est loin d'avoir contribué seule à déterminer cette signification au sein de l'imaginaire occidental. En 1850, un biologiste suisse devenu américain, Louis Agassiz, fit réaliser quinze daguerréotypes d'esclaves africains travaillant dans une plantation de Caroline du Sud. Professeur à Harvard, Agassiz était engagé dans une controverse avec ses pairs sur les origines de l'humanité, et sa thèse – erronée, mais dont il était convaincu et qu'il voulait absolument étayer par des images – était que Noirs et Blancs avaient des origines distinctes. Ces esclaves furent déshabillés pour les besoins de la photo, ce à quoi ils n'avaient évidemment pu consentir : du fait même qu'ils étaient esclaves, leur volonté n'entrait pas en ligne de compte. À ceux qui croiraient qu'un tel épisode appartient au passé, je signale qu'un juge du Massachusetts a rendu en 2021 un arrêt aux termes duquel ces images, largement considérées comme à la fois racistes et contraires à l'éthique, n'appartiennent pas aux requérants, à savoir les descendants des modèles photographiés, mais à Harvard.

Cet exemple revêt une dimension symbolique. La question n'est pas simplement de savoir s'il s'agit bien d'un jugement équitable, mais, plus largement, de savoir à qui appartient l'image du Noir. Diop, comme d'autres artistes et photographes noirs avant lui, utilise son art pour revendiquer la propriété de cette image, afin de la remettre de force entre les mains de l'artiste, et ses prédécesseurs fournissent à son travail un contexte historique éloquent.

L'un de ces prédécesseurs fut le photographe américain James Van der Zee (1886-1983), le plus éminent photographe de la « Renaissance de Harlem », qui réalisa des portraits de célébrités aussi bien que de membres ordinaires de la diaspora noire établie dans ce quartier de New York. Il s'agissait d'images souvent idéalisées, respirant la prospérité et l'élégance, et où l'on pouvait admirer de luxueux objets. Parfois aussi, Van der Zee modulait l'exposition de ses photos de manière à y faire apparaître des figures spectrales, fantômes ou anges du futur. Diop, qui est le plus souvent son propre modèle, se pare d'une façon qui rappelle les photos de Van der Zee, reprenant comme lui les marqueurs sociaux du portrait à l'européenne tout en subvertissant avec ironie, comme lui également, l'évolution de la représentation du Noir, qui passe d'objet possédé à sujet possédant. C'est ainsi que Diop, en sa double qualité de portraitiste et de modèle, détourne l'art occidental du portrait.

Le travail de Diop rappellera sans doute aussi au spectateur les deux grands pionniers de la photographie malienne du milieu du XXe siècle, Malick Sidibé (1936-2016) et Seydou Keïta (1921-2001). Sidibé a su, par sa maîtrise de la composition dramatique, capter l'énergie qui animait son pays à l'époque précédant et suivant l'indépendance. Ses modèles arborent, en toute décontraction, un bric-à-brac de signifiants culturels tant africains qu'occidentaux – mais, avant tout, modernes. Keïta, pour sa part, conservait dans son studio des vêtements et accessoires parmi lesquels ses clients pouvaient choisir ceux avec lesquels ils poseraient – et, partant, l'image qu'ils souhaitaient donner d'eux-mêmes. Chez Diop, la disposition étudiée des accessoires, le placement tout aussi étudié de son propre corps, ainsi que l'éclat de ses tenues, sont bien dans la veine de ses deux grands prédécesseurs, à cette différence près que la composition repose avant tout, chez lui, sur la vivacité des couleurs.

La couleur était cependant un élément important des images prises dans le sud des États-Unis par le célèbre photographe noir américain Gordon Parks (1912-2006), et qui nous décrivent, comme celles de ses deux confrères maliens, un moment charnière de l'histoire : les débuts du mouvement pour les droits civiques. Diop, comme Parks, a commencé comme photographe de mode et excelle, à ce titre, à mettre en valeur la ligne du vêtement et celle du corps, ainsi que le contraste entre la peau, le tissu et le contexte environnant, pour obtenir un effet de brillance. Si la peau noire ou brune des modèles de Parks nous apparaît toujours mate, voire veloutée, elle est au contraire éclatante chez Diop.

Le travail de Diop, non content d'être historiquement pertinent, est également robuste sur le plan théorique, et c'est ce qui donne à sa voix et à son regard une partie de leur spécificité. Il joue en effet sur deux concepts créés, l'un par l'intellectuel martiniquais Frantz Fanon (1925-1961), l'autre par le sociologue et historien afro-américain W. E. B. Du Bois (1868-1963). Fanon, dans *Peau noire, masques blancs* (1952), appelle « connaissance en troisième personne » la conscience qu'a le Noir assujetti à la domination coloniale française d'être en permanence tributaire d'un regard extérieur. Or, Diop a justement à cœur de garder, parce qu'il est à la fois artiste et modèle, le contrôle de ce que voit le spectateur : la luminosité de la peau noire, l'insistance du regard noir. L'universitaire Tina Campt, dans son livre *Listening to Images*, nous recommande d'écouter, et non pas seulement de regarder, les images historiques des Noirs, qui comportent, derrière leur silence apparent, des gestes de résistance et de refus qui sont une façon de s'opposer à la réification. La démarche de Diop est comparable : on notera l'intensité du regard, qui est généralement le sien, et qui est donc une riposte à sa propre création. La posture qu'il adopte, et dans laquelle il se photographie lui-même, a toujours la solidité d'un arbre. Il a beau être protéiforme et changer de personnage d'une image à l'autre, il demeure irrémissiblement enraciné et résolu face à la suprématie blanche.

La « double conscience », telle que Du Bois l'a définie, est une conscience partagée et consciente de l'être, entraînant un sentiment permanent de dualité, dû au fait d'être en même temps Noir et Américain. Nous pouvons élargir le propos et considérer qu'être à la fois Occidental et Noir constitue aussi une forme de dualité et que, portant l'héritage de l'Empire, nous sommes tous des Occidentaux, indépendamment de l'endroit où nous habitons. Ce sentiment est encore plus prononcé, toutefois, chez un artiste noir ayant reçu une formation classique, à l'instar de Diop, qui a retenu de ses maîtres leur sens de la composition, mais rejette leur mode traditionnel de représentation. Comme il est à la fois sujet et objet, intérieur et extérieur à la photographie, ses images sont autant d'arguments plaidant en faveur de l'humanité et de la liberté noires. En 1900, c'est-à-dire trois ans avant d'introduire la notion de double conscience, Du Bois, qui enseignait déjà à l'université d'Atlanta, se rendit en Europe pour participer à deux événements. L'un était l'Exposition universelle de Paris, pour laquelle il rassembla 363 images de Noirs américains de Géorgie, classées par phénotype et par position sociale, et dont la diversité même infirmait à elle seule, affirmait-il, l'idée d'une prétendue infériorité des Noirs. Le jury de l'Exposition couronna son travail en lui décernant une médaille d'or. Juste avant l'Exposition de Paris, Du Bois avait pris part, à Londres, du 23 au 25 juillet, à la première Conférence panafricaine, organisée par l'avocat londonien d'origine trinidadienne Henry Sylvester-Williams (1869-1911). Les trente-sept délégués présents, venus d'Afrique, des Caraïbes, du Royaume-Uni et des États-Unis, débattirent notamment de la meilleure façon de s'opposer aux forces de l'exploitation et du colonialisme, et adoptèrent une « Adresse aux nations du monde » rédigée par Du Bois, et qui était un plaidoyer pour l'autodétermination et l'indépendance des Noirs du monde entier.

Il importe de rappeler qu'à cette époque, hormis Haïti – la première République noire libre – et le royaume d'Éthiopie, nulle part la pleine citoyenneté n'était reconnue aux Noirs, maintenus partout dans un statut d'infériorité – qu'il s'agisse de la domination coloniale, des lois Jim Crow ou de l'apartheid. Si les images présentées par Du Bois à l'Exposition de Paris étaient des représentations variées d'un seul et même peuple, les délégués noirs à la Conférence panafricaine se considéraient en revanche, par-delà leur diversité ethnique et linguistique, comme liés par un combat commun – un combat dont la série *Diaspora* d'Omar Victor Diop, qui en découle directement, nous rappelle qu'il est loin d'être achevé.

Dans cette série, Diop incarne différents personnages qui ont compté dans l'histoire des Noirs. Il se pare à cet effet de vêtements et d'objets qui indiquent l'époque, le lieu, la culture, le style et même la confession de chacun. Si l'Histoire est délibérément mise à contribution, si Diop se représente lui-même afin de permettre au sujet noir contemporain de se projeter dans ces figures historiques, on appréciera aussi la merveilleuse ironie qui consiste à inclure des objets appartenant à l'univers du sport. Crampons de football, sifflet, gant de gardien : autant de symboles du plus mondialisé des sports, caractérisé à la fois par les exactions racistes de ses fans et par le fait que les équipes nationales sont le reflet de l'héritage colonial – les corps dessinant la carte des conquêtes. Les athlètes, dans leur brillance cinétique, résistent à la domination du colonisateur, mais se trouvent aussi en butte à l'agressivité du suprémacisme blanc. Diop réussit ainsi, en quelque sorte, à courber le temps, convoquant la résistance et la beauté pour les remixer sur le terrain actuel du sport-spectacle, où se croisent triomphe noir et violence raciste.

Dans la série *Liberty*, qui suit, Diop s'intéresse moins aux individus qu'aux mouvements sociaux. On y trouve en particulier deux images inversées : celle de Diop lui-même en Trayvon Martin, ce jeune Noir dont le meurtre fut l'événement déclencheur du mouvement Black Lives Matter, représenté sur un lit de bonbons Skittles, et celle d'une femme africaine sur un lit d'épis de riz. Mises en regard, les deux photographies évoquent avec force l'éternel recommencement de la violence au fil des siècles et son écho dans la vie des Noirs. Que l'on considère l'organisation du maintien de l'ordre ou celle des exploitations agricoles, ni l'humanité noire en général ni le corps noir en particulier ne sauraient se soumettre sagement aux techniques d'un ordre social, tant ce long processus de déshumanisation recouvre une réalité corporelle et émotionnelle – que Diop s'emploie à nous faire ressentir dans notre chair.

Dans *Liberty* comme dans *Diaspora*, Diop parcourt toute la diversité du monde noir. On y voit notamment Nanny et son frère Quao, fondateurs d'une communauté libre de « Nègres marrons » en Jamaïque au XVIIIe siècle, un militant des Black Panthers aux États-Unis dans les années 1960, et bien d'autres figures encore. Diop va parfois jusqu'à se dupliquer lui-même pour les besoins d'un portrait de groupe, comme dans sa représentation des cheminots de la ligne Dakar-Niger qui se mirent en grève en 1938 et en 1947, ou dans celle des tirailleurs sénégalais abattus par les troupes françaises en 1944, lors de ce qu'on appelle désormais couramment le massacre de Thiaroye.

Ces images sont autant de leçons d'histoire, qui stimulent notre curiosité par leur beauté et leur force dramatique. La série suivante, *Allegoria*, est en revanche un regard prospectif. À l'heure du désastre écologique imminent (à moins qu'il ne soit déjà consommé), Diop est ému par le sort fait à la flore, mais son évidente mélancolie devant le massacre des végétaux et celui de l'espèce humaine n'écarte pas l'idée qu'il soit possible de replanter à l'identique. Diop donne forme à une imagination morale dans cette série destinée, dit-il lui-même, à susciter la discussion – ce en quoi je gage qu'il sera exaucé au-delà de ses espérances.

Lorsque la photographie a fait son apparition dans le paysage artistique, certains ont voulu y voir la mort annoncée de la peinture. Pourquoi, arguaient-ils, nous contenter du ressemblant, quand nous pouvons avoir le « vrai » ? D'aucuns ont même cru que ce « vrai » aurait désormais seul cours. L'une comme l'autre prédiction se sont révélées fausses. Toute image peut donner lieu à une infinité d'interprétations, et une photographie s'avérer aussi trompeuse qu'une peinture. Le travail de Diop n'en est pas moins vulnérable aux vestiges de ces deux modes de pensée sommaires, et s'aventure dans des eaux périlleuses, tant les artistes noirs sont volontiers considérés comme plus spontanés qu'esthètes, et réduits à l'immédiateté de leurs sujets, à un exotisme sensuel sans créativité ni originalité. Mais Diop, avec sa vision construite, sa verve et son brio, met à bas ces stéréotypes, nous transportant de l'ère des spectres à celle d'une humanité pleinement maîtresse d'elle-même.

The Black Image in the Black Mind: History, Photography, and the Politics of Race in the Work of Omar Victor Diop

Imani Perry

For centuries, a specter has haunted the West. It is Blackness. In its nineteenth-century beginnings, photography—and specifically images of Africans—was enlisted as a tool for empire and white supremacy. In the various academic disciplines that were refined during the age of empire—anthropology, religion, biology, and so on—images were used to make diagnostic assessments of Africans. These assessments of course legitimated the colonization of African resources and the commodification of Black bodies. Intrigued by the technology and the prospect of self-representation, however, Africans subverted the imagemaking of Black bodies early on. It is the latter tradition in which Omar Victor Diop stands. This is not simply reckoning with the past. Africa today as an origin point, historically, globally, and culturally, continues to be distorted, and Black subjects, all across a vast global geography, are likewise routinely diminished. The bug-eyed, red-lipped caricatures may have retreated, but assumptions related to the Black body—animalistic, hypersexual, superhuman, grotesque, mechanical—remain.

The tradition of refusing racist depiction, the one chosen by Omar Victor Diop, remains defiant in the face of white supremacy. But notably, it has never been limited by the white imagination. In fact, creative imagery is a robust territory for refusing the terms of the West, by haunting its fictions and values with irrepressible beauty and possibility.

Some of the earliest images of West Africans were made by Frenchman Alphonse-Eugène-Jules Itier. He was intrigued by daguerreotype. And when he obtained a post in the customs service, he brought the imagemaking equipment with him. Itier's tour of French colonial sites took him to the West African coast, Guyana, and the Antilles. Customs officers identified resources and labor that might be exploited for imperial prosperity. His images were quite literally documents of colonial legitimation. Later he traveled to Asia and is best known for his images of China. The travels were incursions. The incursions were a part of the French colonial project, which followed the active participation of France in the transatlantic slave trade. Thus, Blackness had a meaning long imputed to it, a meaning that would justify the dominion over Black bodies and the places of their origin in Africa.

France, of course, was not alone in this meaning-making of Blackness in the European imagination. In 1850, a Swiss-born American biologist, Louis Agassiz, commissioned fifteen daguerreotypes of enslaved Africans on a South Carolina plantation. Agassiz was a professor at Harvard. He was engaged in an argument with peers about the origins of humanity. He contended, incorrectly, that there must be separate origins for Black and white people. So convinced was he of Black inferiority, he desired images to prove his point. Thus enslaved people were disrobed and captured by the camera. They couldn't consent of course. As enslaved people, their will was not recognized.

Lest this seem to be only a story from the past, a Massachusetts judge ruled in 2021 that the images, widely considered both racist and unethical, did not belong to the descendants of their subjects who had made a claim to them. They are the property of Harvard University.

There is a symbolic dimension to this example. One must question not only this unfair result, but also something bigger: Who owns the Black image? Diop, like Black artists and photographers before him, uses his craft to contest ownership of the Black image. He wrests it back into the hands of the artist. These artistic predecessors provide a meaningful historical context to his work.

One such person is the American photographer James Van Der Zee (1886–1983). Van Der Zee was the most distinguished photographer of the Harlem Renaissance, taking pictures of both celebrities and ordinary people of the Black diaspora who had settled in Harlem. These were often idealized images of prosperity and elegance, made with luxurious artifacts. Sometimes in his images Van Der Zee played with the exposure to create spectral figures, ghosts or angels of the future. Diop, who is usually his own model, is similarly adorned. As with Van Der Zee, he takes up the status markers of European portraiture, yet also like Van Der Zee there is an ironic subversion in how the Black person is shifted in portraiture, from once being presented as property to being propertied subjects themselves. Diop, who is both portraitist and subject, haunts Western portraiture in his authorship.

Diop's work also recalls that of the groundbreaking mid-twentieth-century Malian photographers Malick Sidibé and Seydou Keita. Sidibé, a master of dramatic composition, captured the energy of independence movement–era Mali. His subjects are cool, bearing a bricolage of cultural signifiers, African, Western, and most significantly modern. Keita kept artifacts in his studio for his clients to choose as part of their attire, and really their self-presentation. Diop's careful placement of his body and artifacts, as well as his sartorial brilliance, follows theirs, but unlike these predecessors, his compositions depend on vivid color.

Color was, however, an important element of celebrated Black American photographer Gordon Parks's images of the South. As with his Malian counterparts, he depicted a moment of transition: the early civil rights movement. Like Parks, Diop began his career as a fashion photographer, and like his elder he deploys the skill of attending to the line of clothing and body, as well as the contrast between skin, fabric, and environment, to brilliant effect. Whereas Parks's black and brown skin is softly lit, velvety even, Diop's skin is always luminous.

Diop's work is, in addition to being historically informed, theoretically robust. And that is part of the distinctiveness of his voice and gaze. He plays with two critical concepts: Antillean intellectual Frantz Fanon's third-person consciousness and African American W. E. B. Du Bois's double consciousness. For Fanon, in *Black Skin, White Masks*, third-person consciousness is the awareness of the Black subject under French colonial domination being seen from the outside in. Diop, as both subject and composer of the image, takes control over what is seen—the luminosity of Black flesh, the insistent Black gaze. In her book *Listening to Images*, cultural critic Tina Campt recommends that we listen to historic images of Black people. On the lower frequencies there are gestures of resistance and refusal, a way of answering back to being objectified. Diop makes an analogous intervention. You will note the intensity of gaze as he answers back to his own creation. The posture he adopts and places himself in is always treelike in its solidity. Though a shape-shifter, changing characters from image to image, he is always firmly rooted and implacable when it comes to white supremacy.

Double consciousness, as Dubois described it, is an ever-present sense of twoness. He attributed it to being Black and American at once, an awareness of a split consciousness. We can extrapolate from that to recognize that being of the West and Black at once is also a form of doubleness. And, bearing the legacies of empire, we are all of the West, irrespective of where we dwell. The sense of twoness, however, is especially pronounced for the classically trained Black artist, like Diop, who references the compositions of masters but rejects their tradition of depiction. Inside and outside of the photograph, subject and object, his images are arguments for Black humanity and freedom.

In 1900, three years after Du Bois, a professor at Atlanta University, introduced the concept of double consciousness, he traveled to Europe for two events. For the Paris Exposition he gathered 363 images of Black Americans from Georgia. They were organized by phenotype and social location. He deliberately argued that these images—humane, varying, systematically organized—provided evidence against the idea that Black people were inferior. He emphasized the phenotypic diversity of Black Americans. His work was celebrated. The judges of the exposition awarded him a gold medal.

Immediately prior to the exposition in Paris, Du Bois had participated in the First Pan-African Conference, which was held in London. It had been organized by Henry Sylvester Williams, a Trinidadian barrister. There were thirty-seven delegates, from Africa, the Caribbean, the UK, and the United States. As part of their meeting, they discussed resisting the forces of exploitation and colonialism, and Du Bois drafted a letter from the group to "the nations of the world" arguing for self-determination and independence for Black people.

It is important to recall that this was a time when, outside of Haiti, the first Black republic, and Ethiopia, Black citizenship was not recognized anywhere. Between colonial dominion, Jim Crow, and apartheid, Black people were relegated to an inferior status. These Black delegates saw themselves as connected by a common struggle, despite their varied ethnicities and languages. Just as the Paris Exposition images were various depictions of one people, the Pan-African Conference attendees were various people who saw themselves in one common struggle. Omar Victor Diop's "Diaspora" series follows directly from the concerns of that first Pan-African Conference and the Paris Exposition, and reminds us that their struggle continues.

In the series, Diop embodies a range of historically significant Black men. He adorns himself with attire and artifacts that indicate the time, place, culture, style, and even theology of each. History is put to overt use: Diop is a representation of the contemporary Black subject who can imagine himself in these historic figures. There is a wonderful irony, however, to be found in the inclusion of athletic artifacts. Football cleats, a whistle, a goalie's glove—these are symbols of the most global of sports. It is also a sport that is at once notorious for racist outbursts from fans, and a sport in which national teams testify to colonial legacies. Their bodies look like maps of conquest. The athletes, in their kinetic brilliance, resist dominion yet also find themselves subject to the assault of white supremacy. Diop thereby bends time. He invokes resistance and beauty and remixes it with the present spectacular terrain of sport, in which Black glory and racist violence meet.

In the "Liberty" series, Diop turns his attention away from individuals to social movements. Among them are twin images, of himself as Trayvon Martin, a young Black man whose murder was an impetus for the Black Lives Matter movement, and another of an African woman. The former is depicted on a bed of Skittles candy, the latter on a bed of rice. Together, they are a stark reminder of the repetition and echo of violence in Black life over centuries. Whether considering the architecture of policing or agriculture, Blackness, and specifically the Black body, cannot be collapsed neatly into the technologies of a social order. There is a corporeality and an emotionality to the long history of dehumanization. Diop intends for you to experience it sensorially.

As with the "Diaspora" series, in "Liberty" Diop moves across the Black world. There are Nanny and Quao, sibling eighteenth-century maroon leaders from Jamaica, a Black Panther party worker of 1960s United States, and more. In some works he repeats images of his own body to produce groups, as for example in his depiction of the Senegalese railroad workers who went on strike in 1938 and 1947, and again in a representation of Senegalese soldiers killed by French forces in 1944, in what is referred to as the Thiaroye Massacre.

The images are history lessons, encouraging our curiosity with their beauty and drama. The third series here, "Allegoria," is, in contrast, a forward look. In this moment of impending (or perhaps realized) environmental disaster, Diop is touched by nature's flora. There is both a clear melancholia about the killing of plants and people, and a sense of possibility, of planting anew. He models a moral imagination. He has described this series as one that he hopes elicits conversation. I suspect the works will fulfill this aspiration and more.

When photography first entered into the landscape, some thinkers predicted that it would be the death of painting. Why would we need a likeness, they speculated, when we had the "real thing?" Furthermore, some believed that the "real thing" would be taken at face value. Both formulations were proven false. Images can be interpreted in a plethora of ways, and photographs can be as artful as paintings. And yet Diop's work is vulnerable to the residues of both limited ways of thinking. He steps into dangerous waters. Black artists are often seen as natural rather than artistic, and they are seen as little more than what they depict directly, not authorial nor imaginative, merely sensual and exotic. Yet with a steady vision, verve, and brilliance, he demolishes such stereotypes, bringing us from hauntings to a fully self-possessed humanity.

LIBERTY

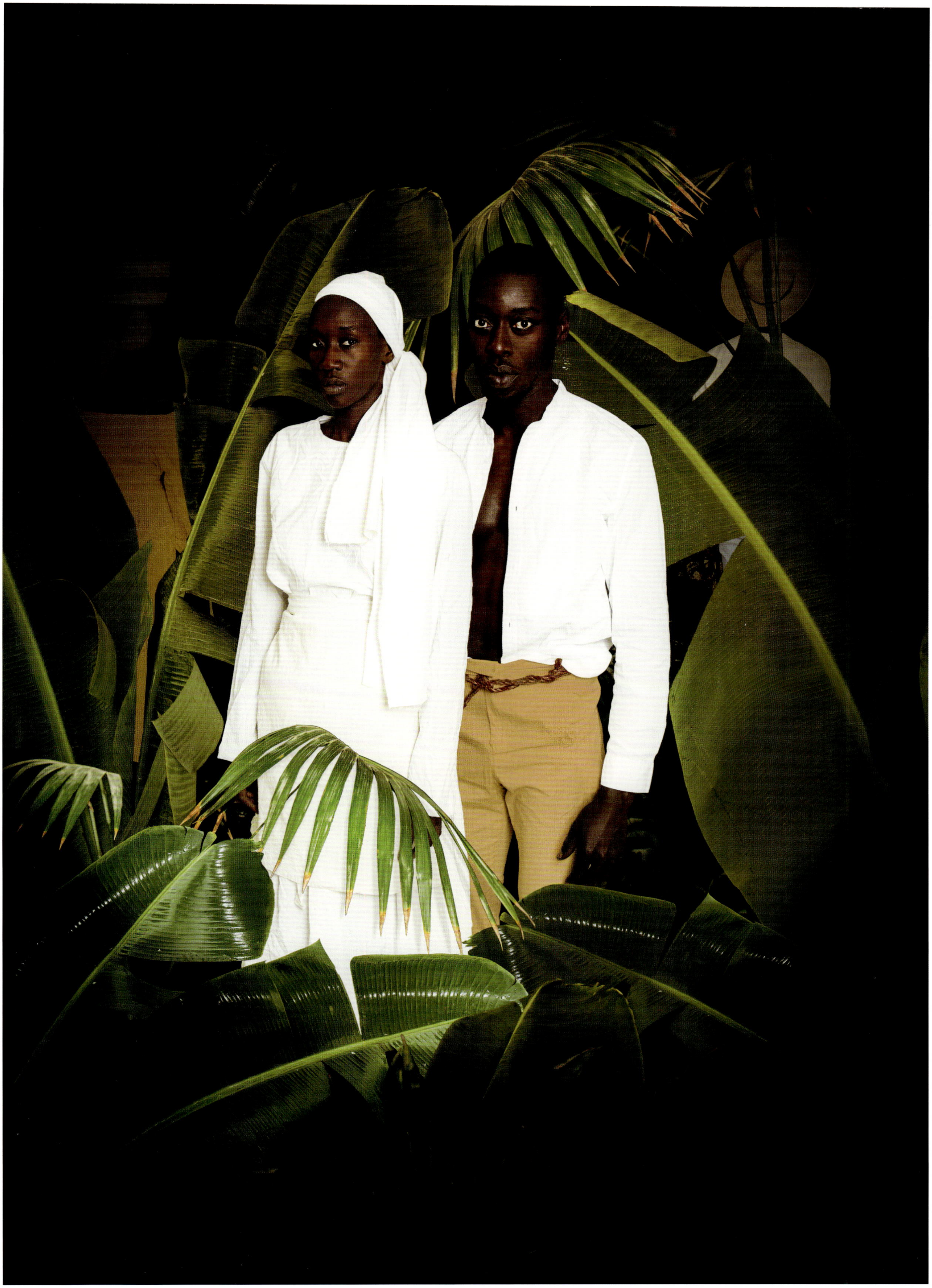

Nanny et Quao, Jamaïque, 1720, 2016
La révolte de Soweto, 1976, 2017

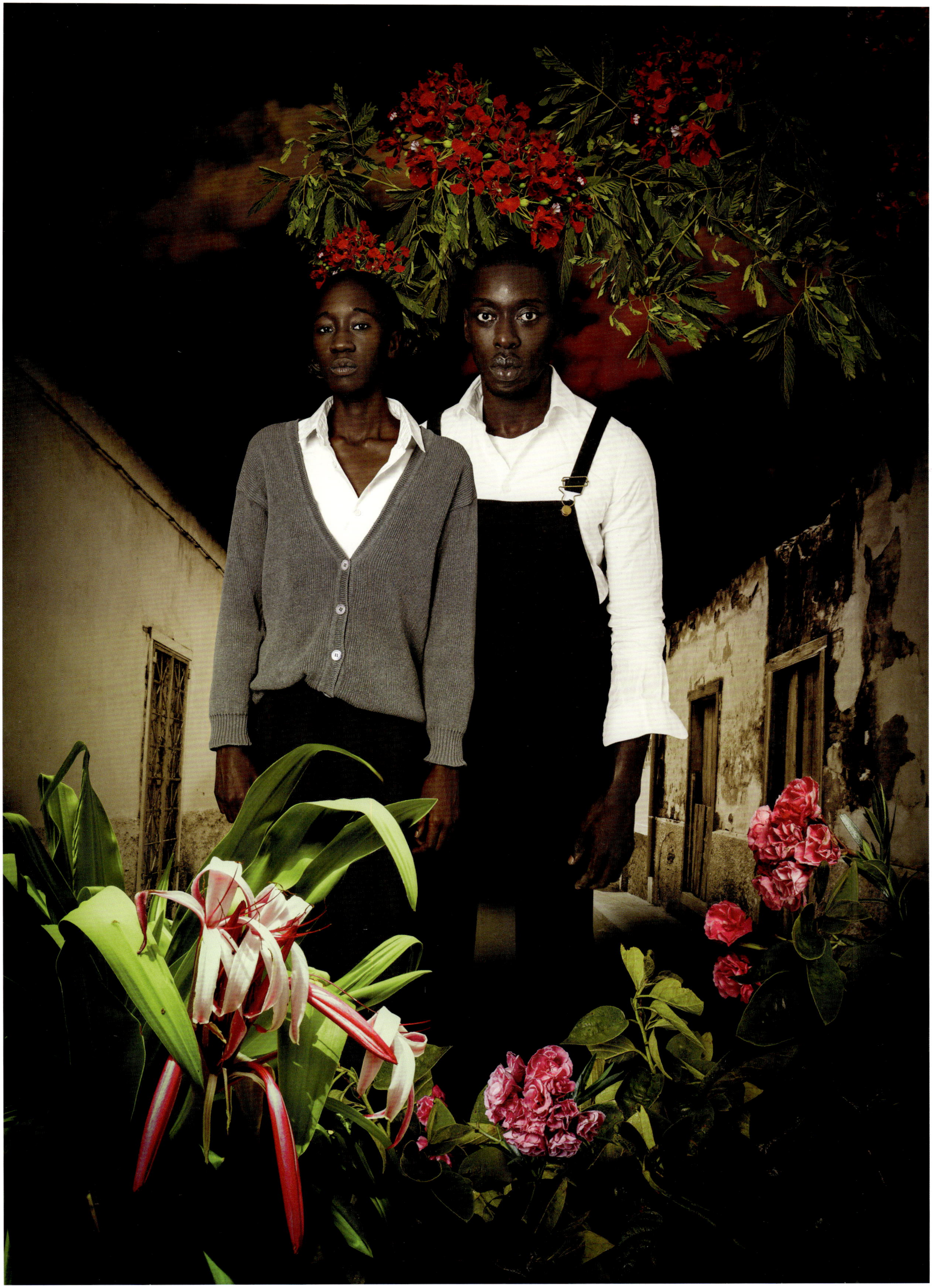

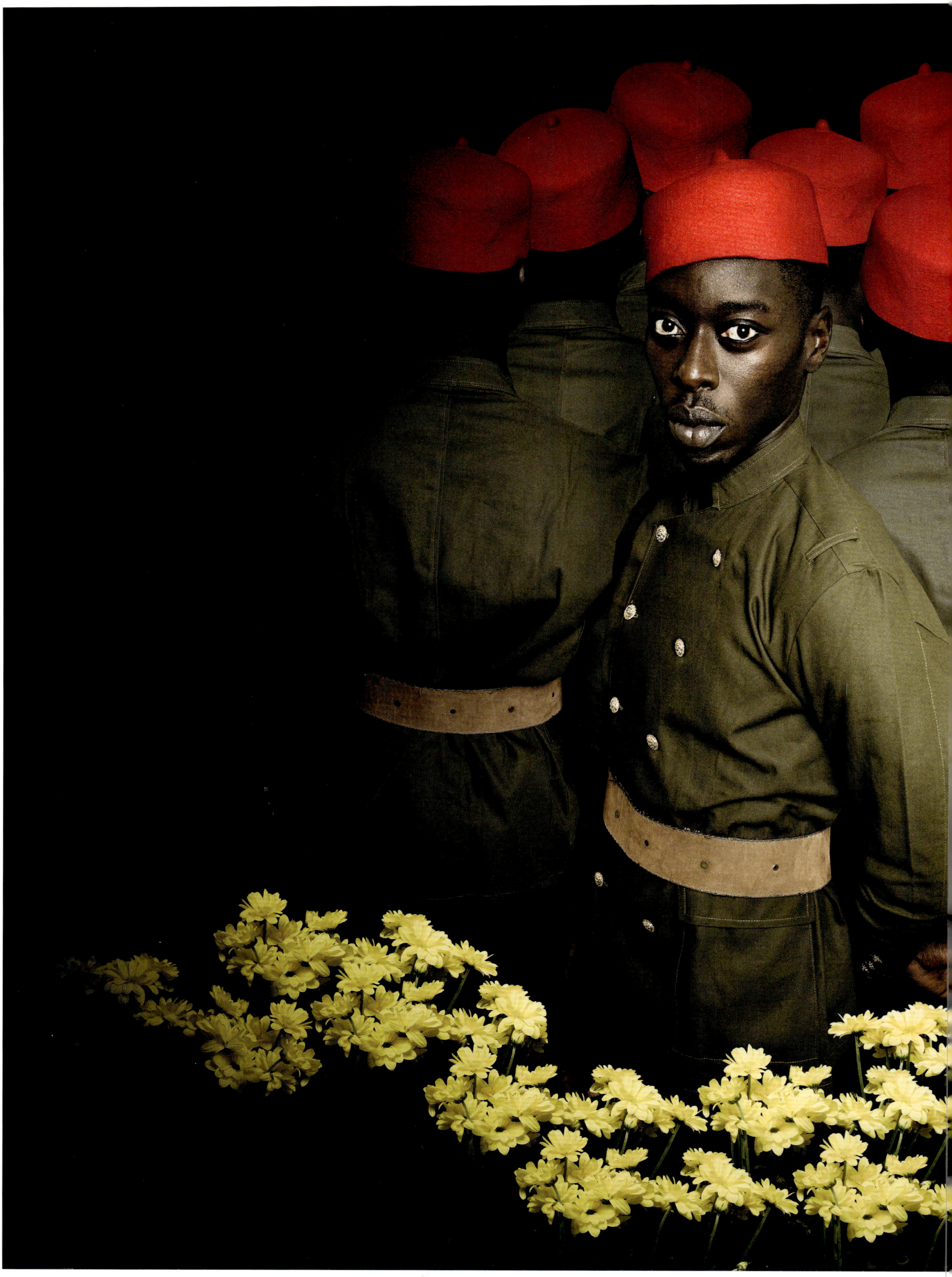

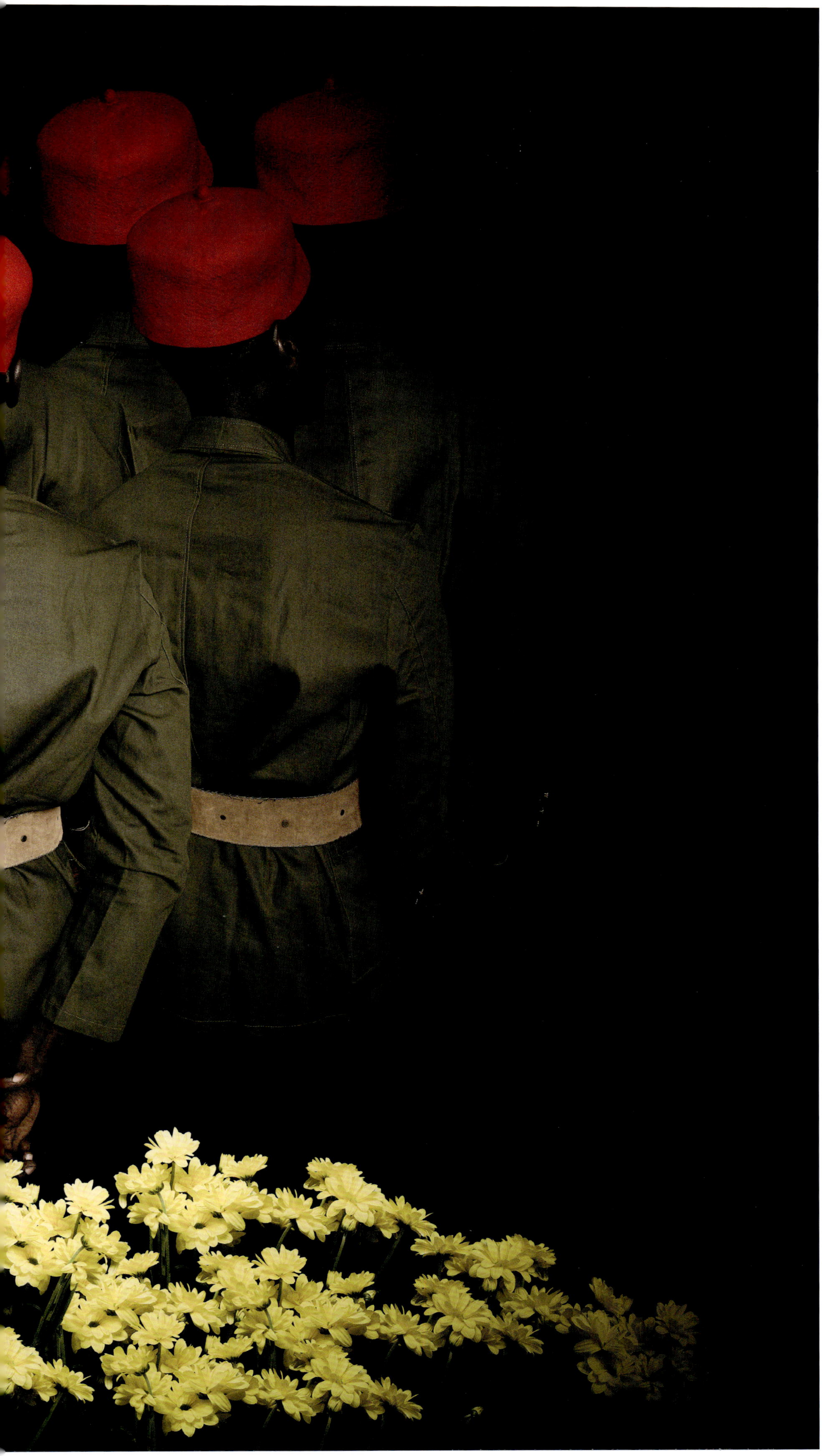

Thiaroye, 1944, 2016

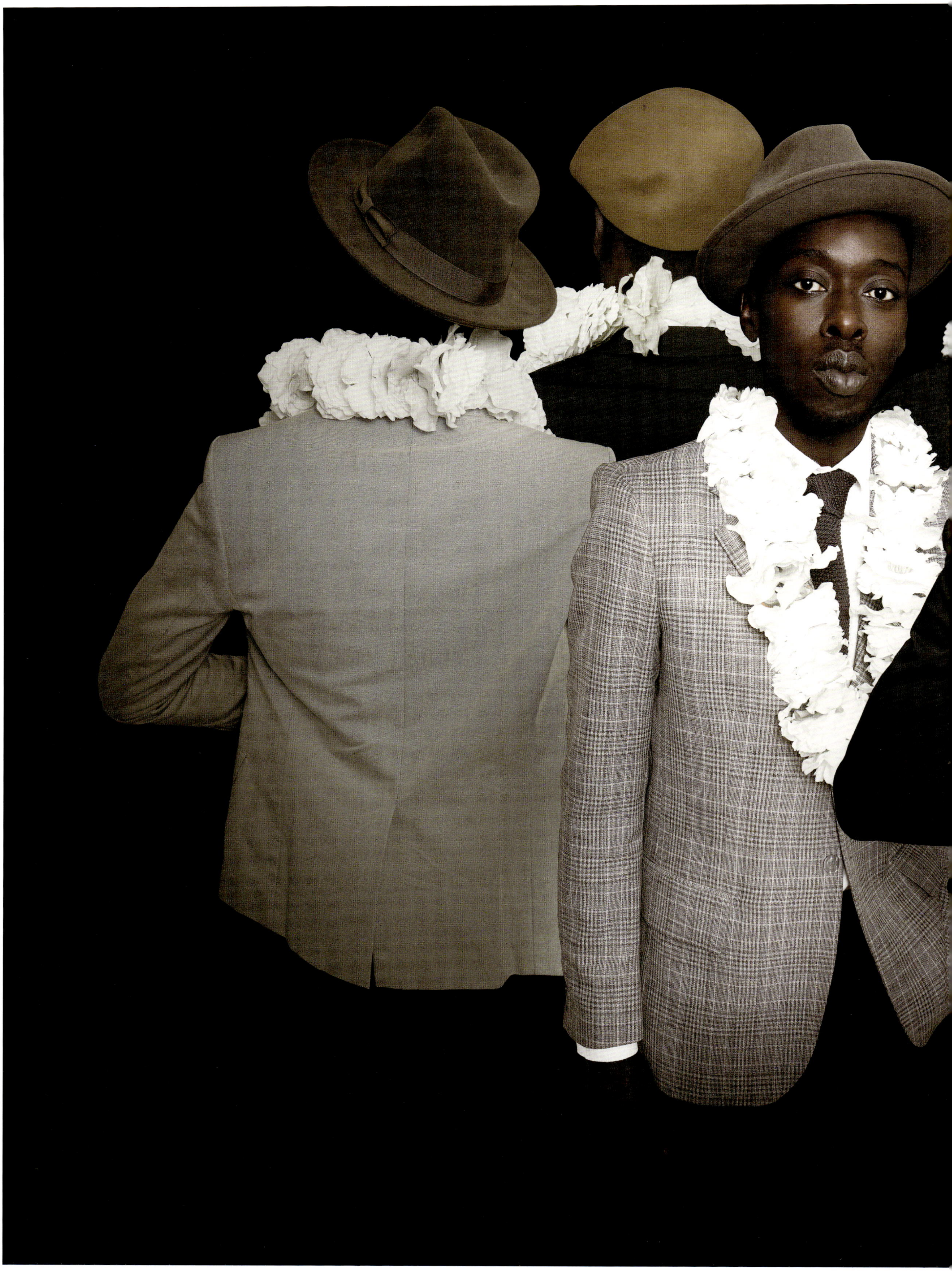

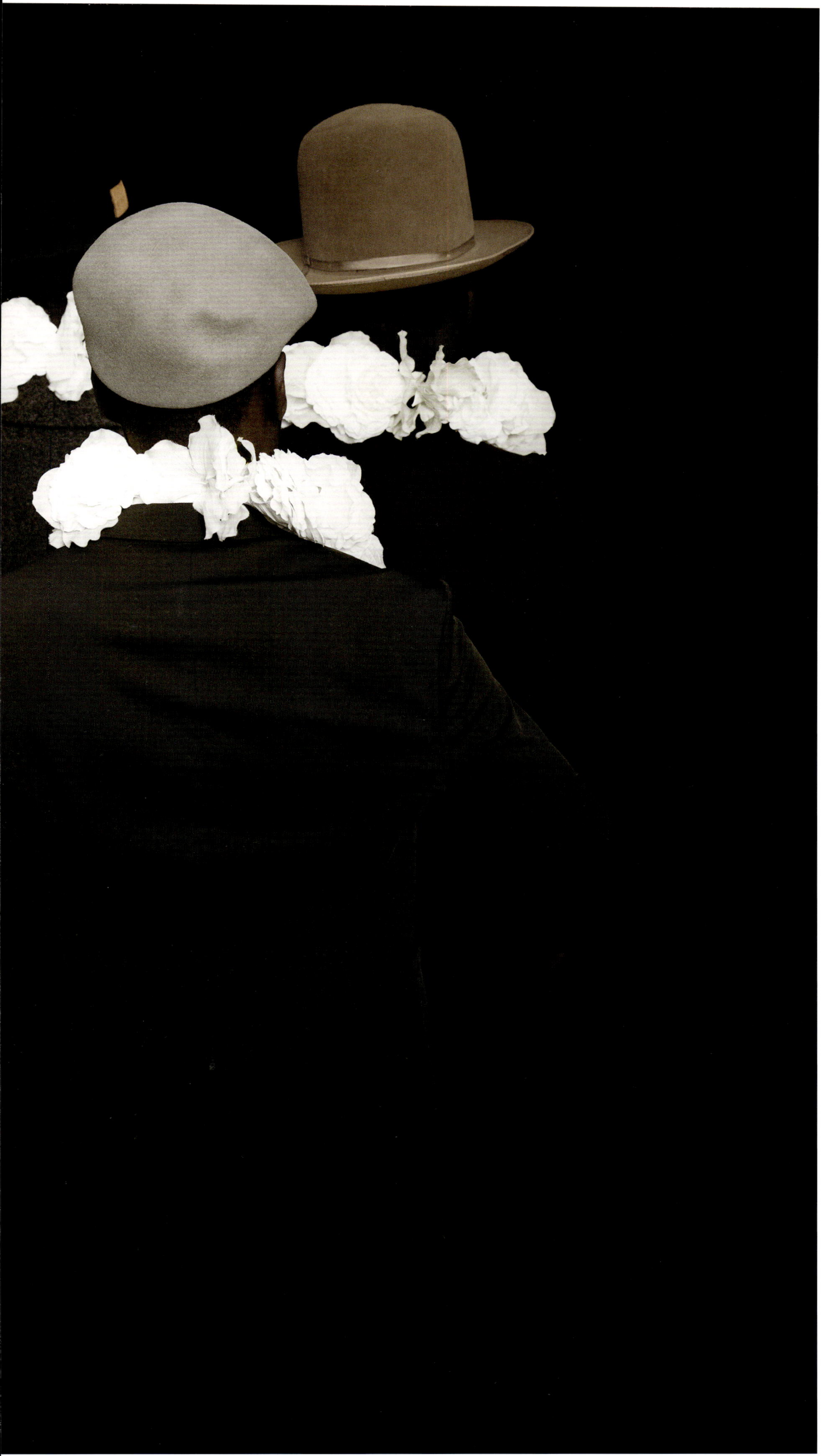

Selma, 1965, 2016

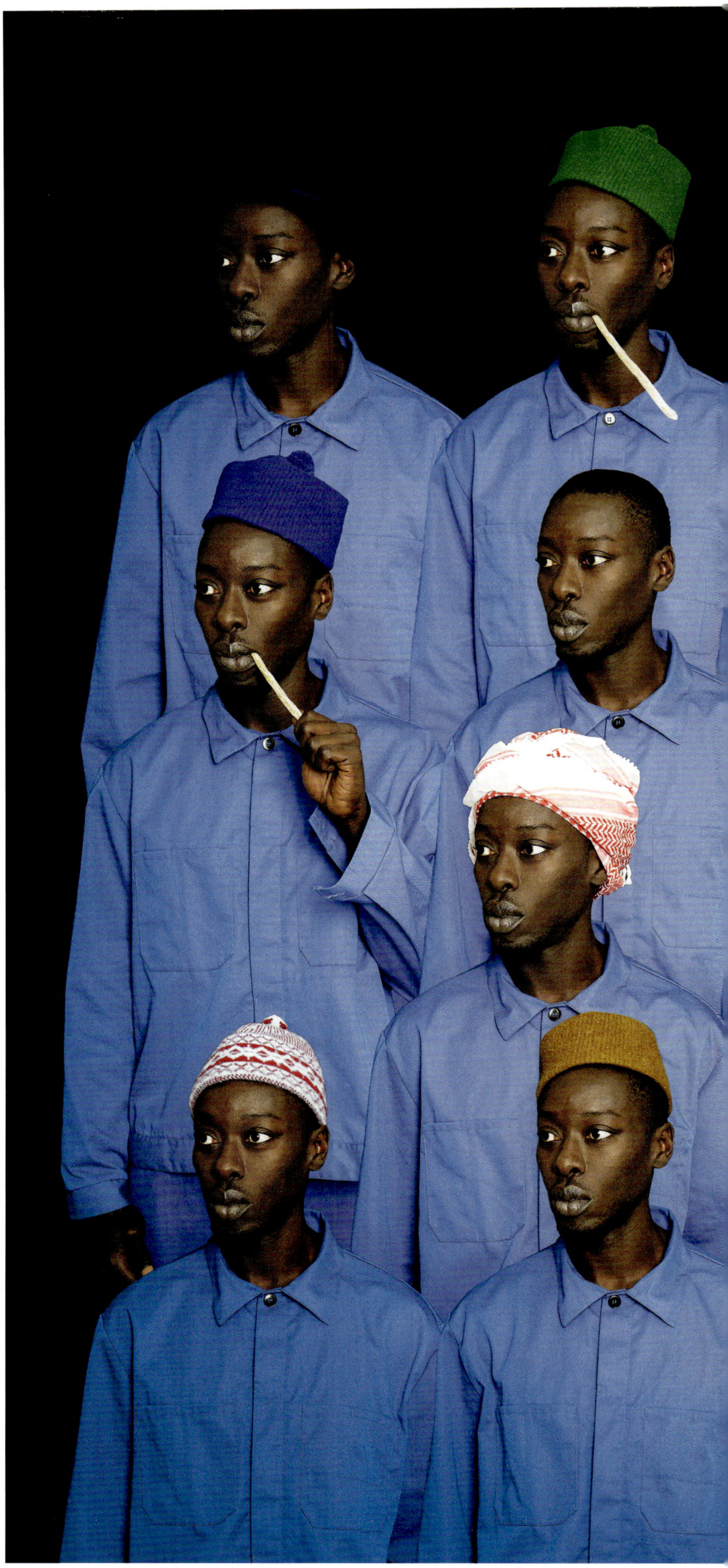

Les cheminots du Dakar-Niger, 1938 et 1947, 2016

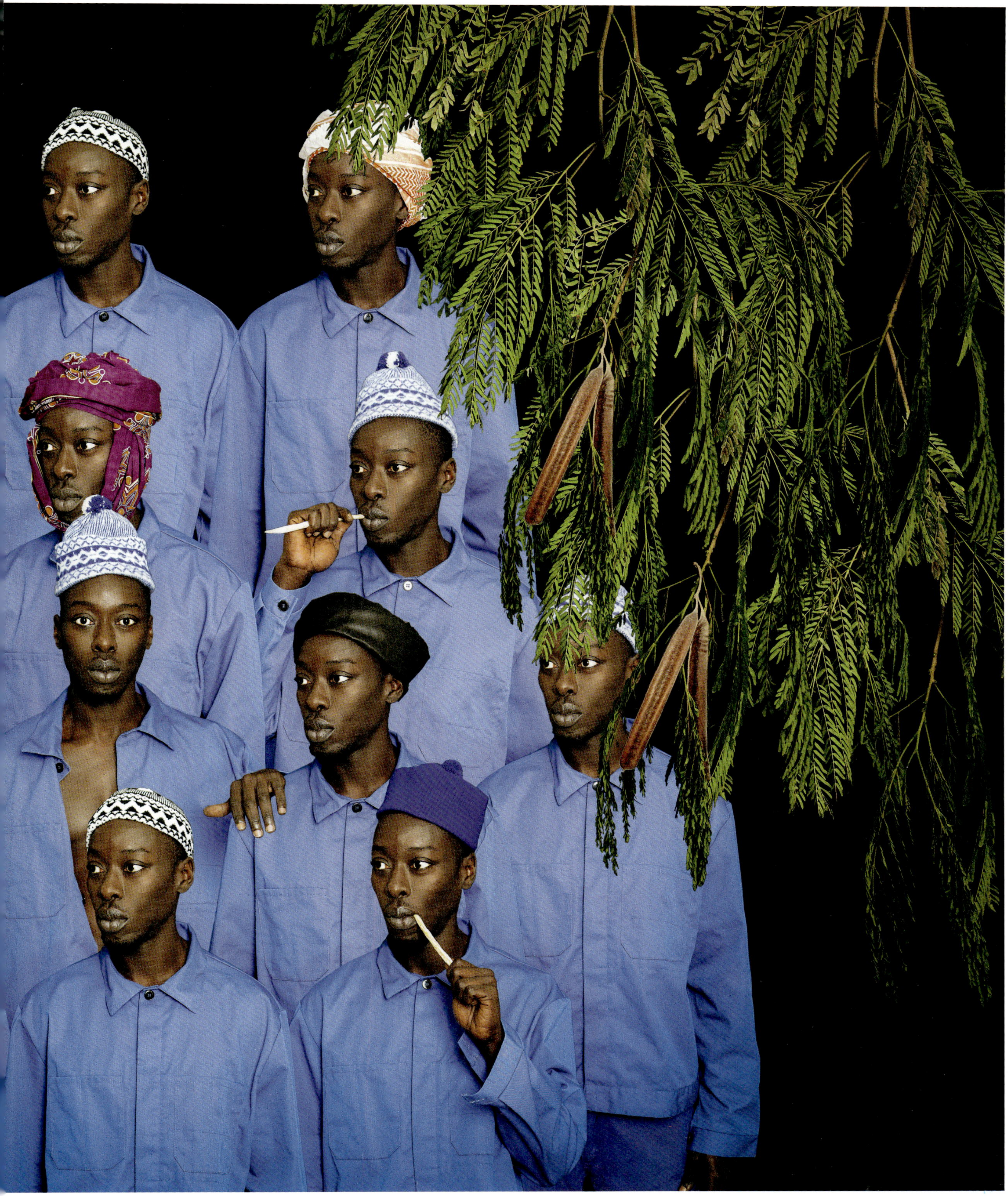

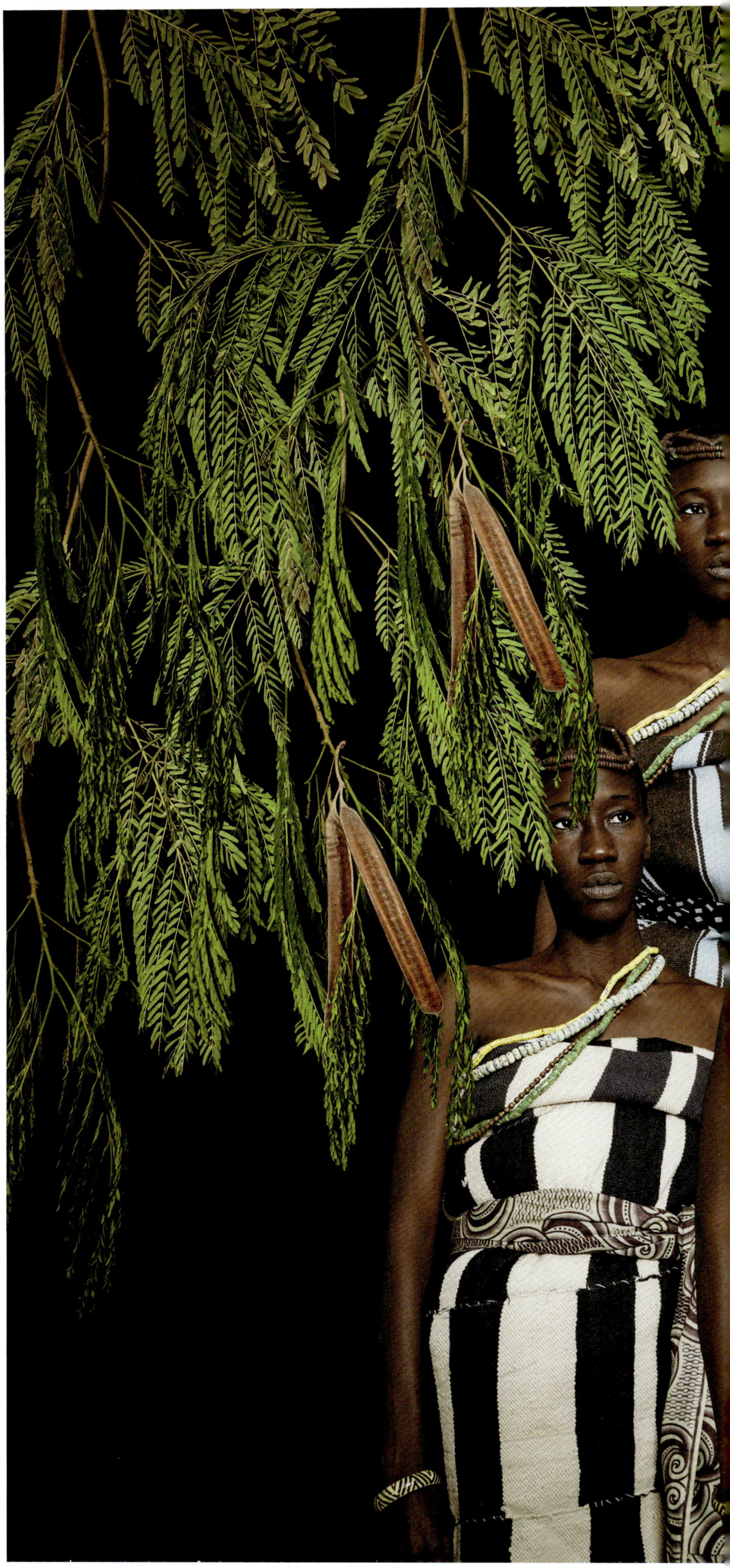

La guerre des femmes, 1929, 2016

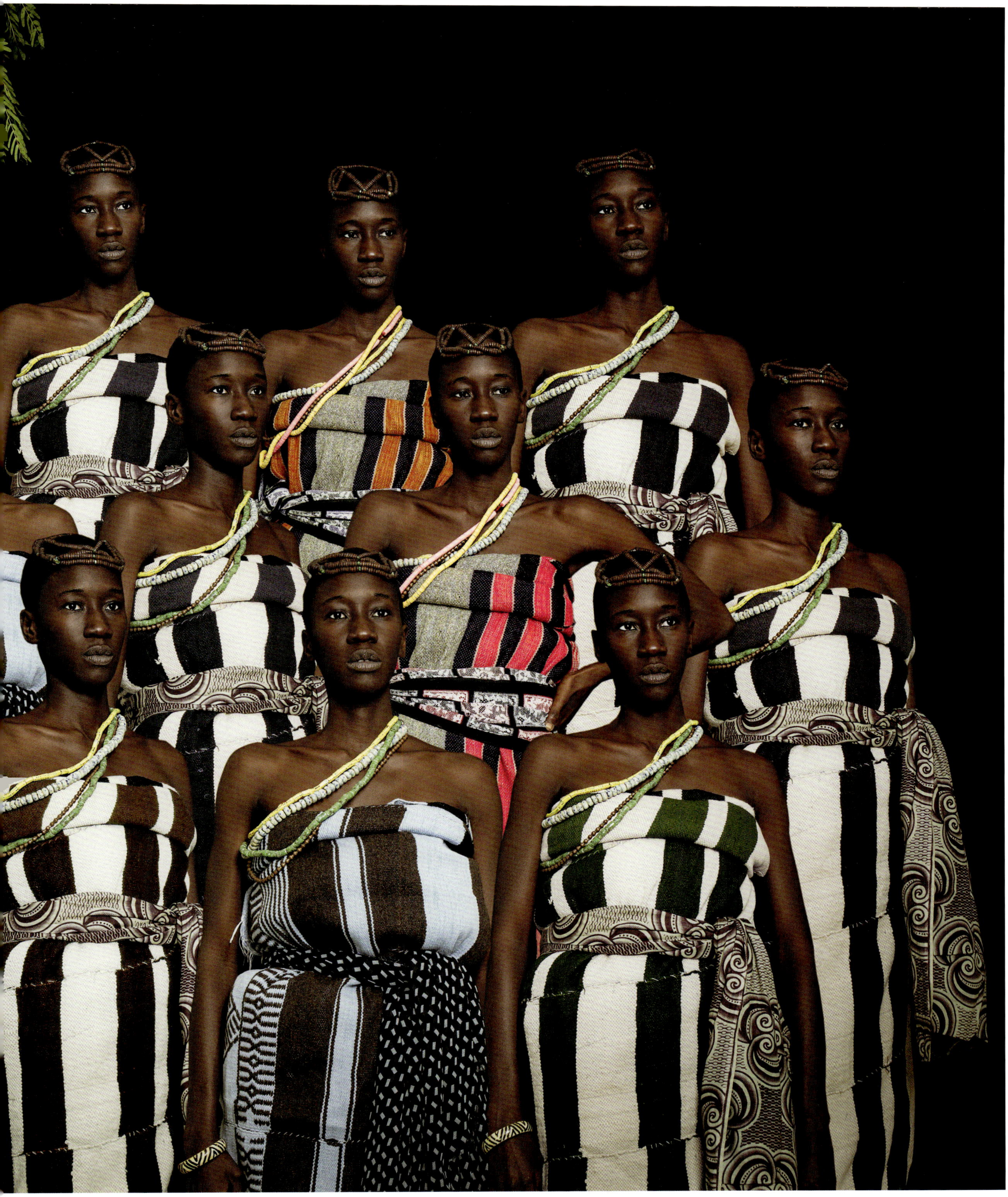

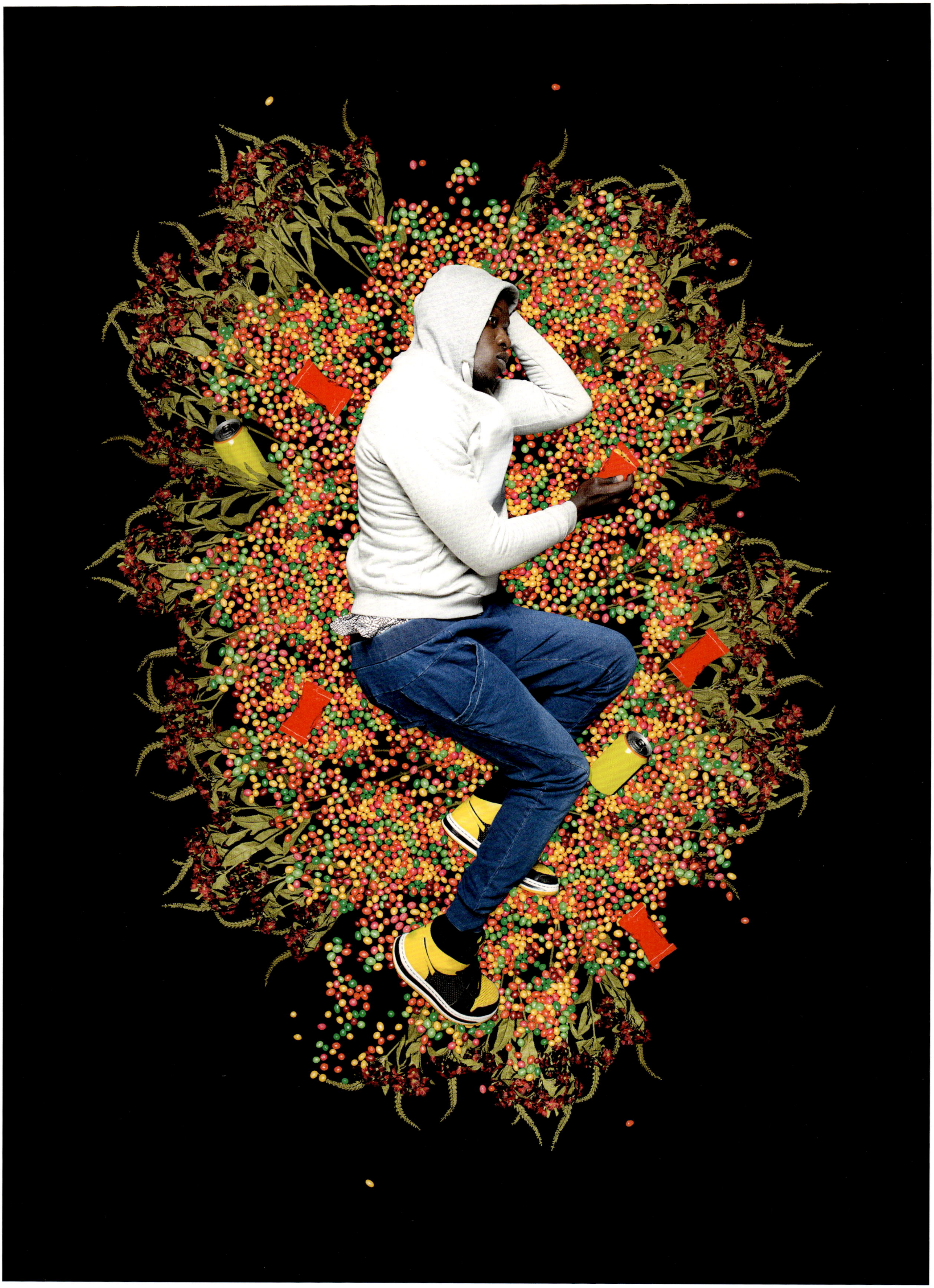

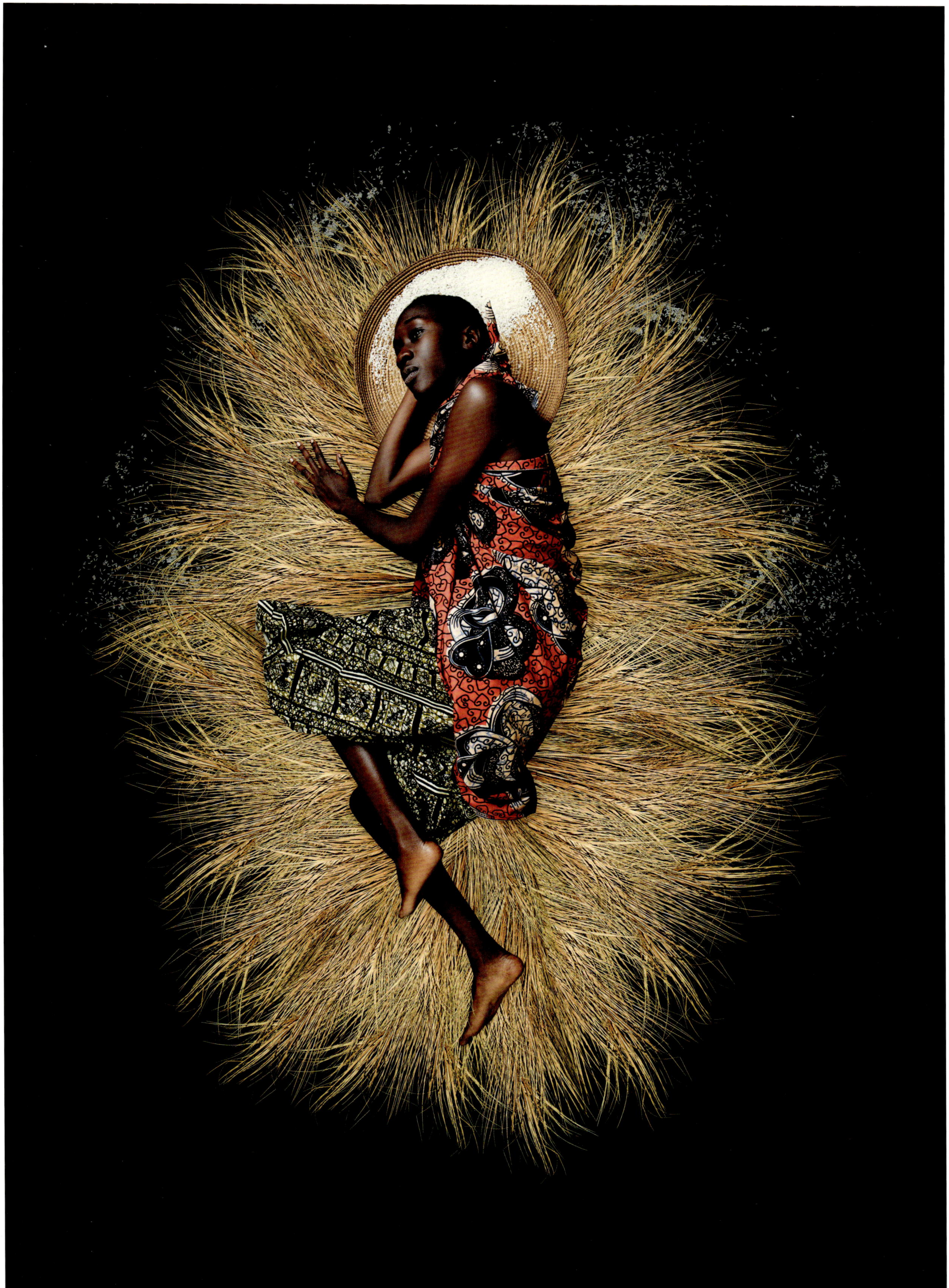

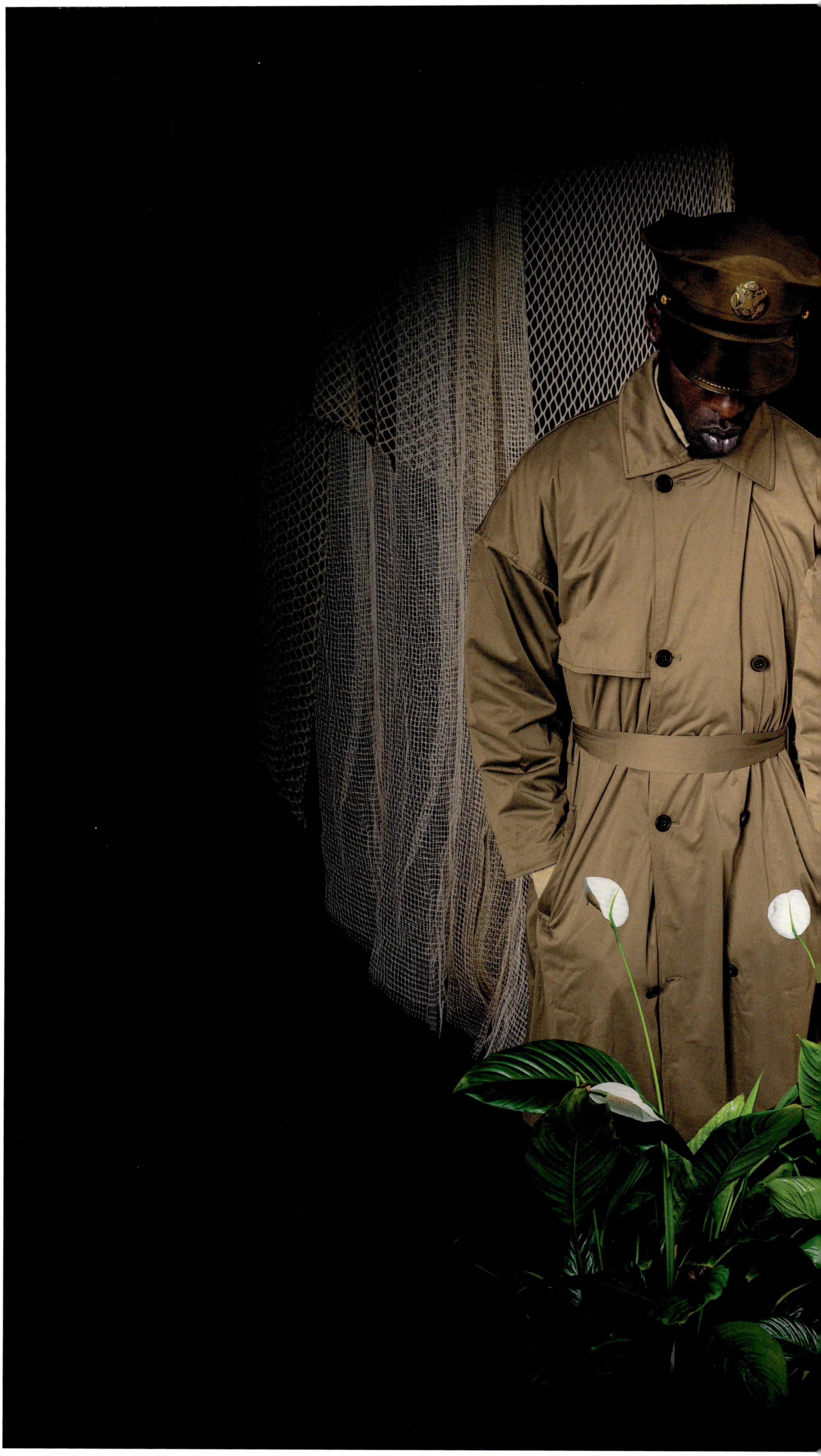

Trayvon Martin, 2012, 2017
Aline Sitoé Diatta, 1944, 2017

La mutinerie de Freeman Field, 1945, 2017

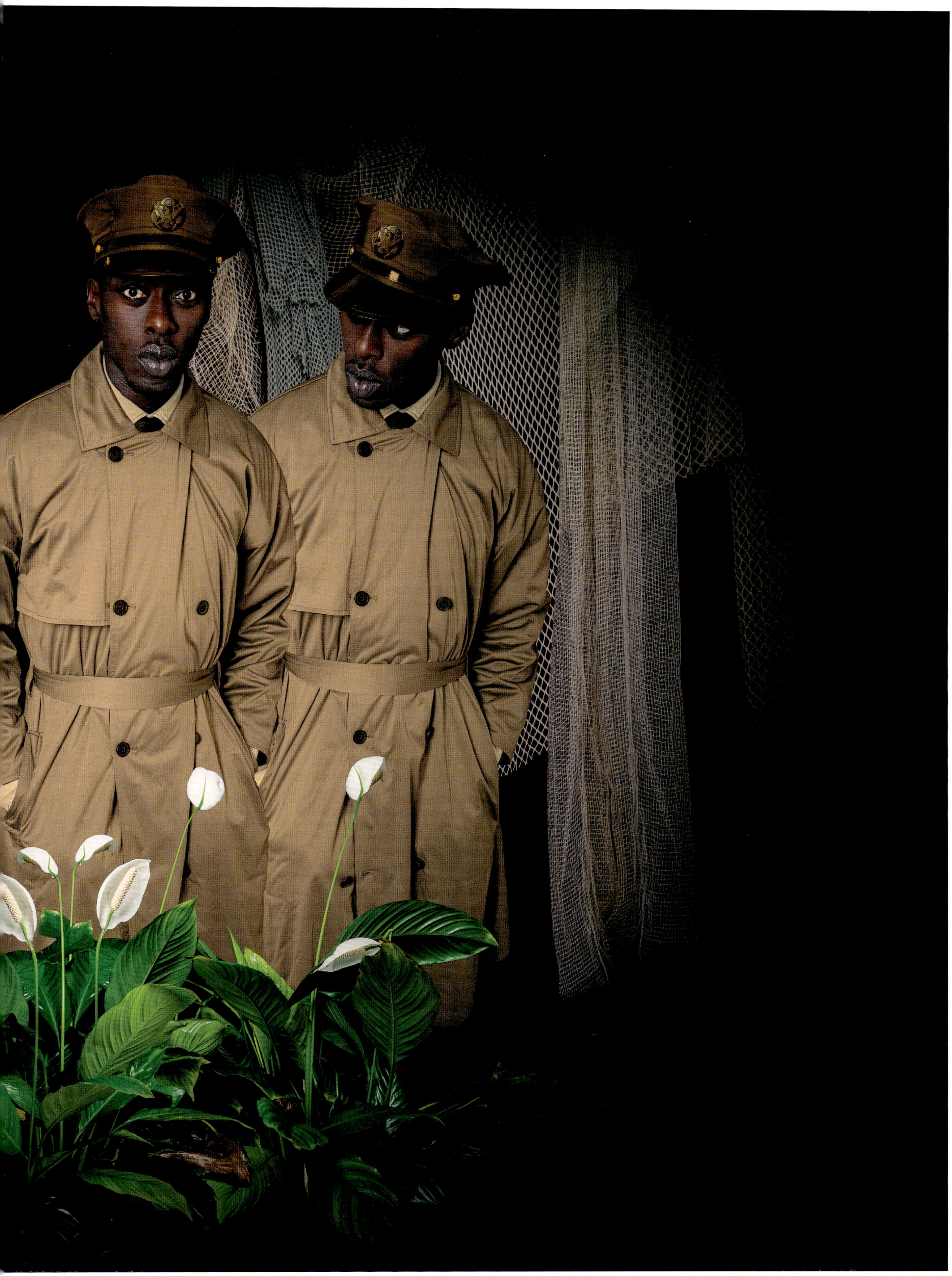

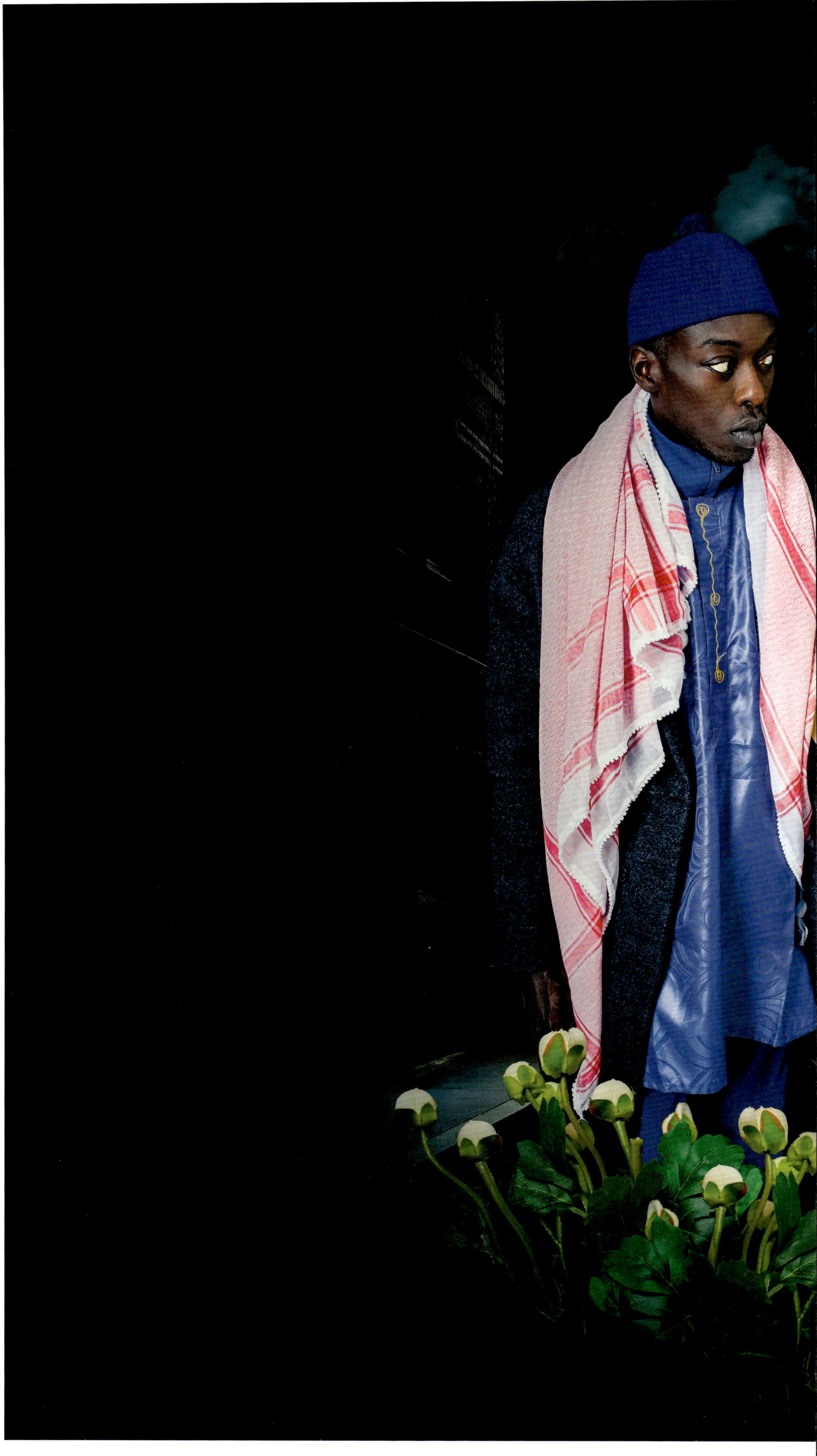

La Sonacotra, 1974, 2017

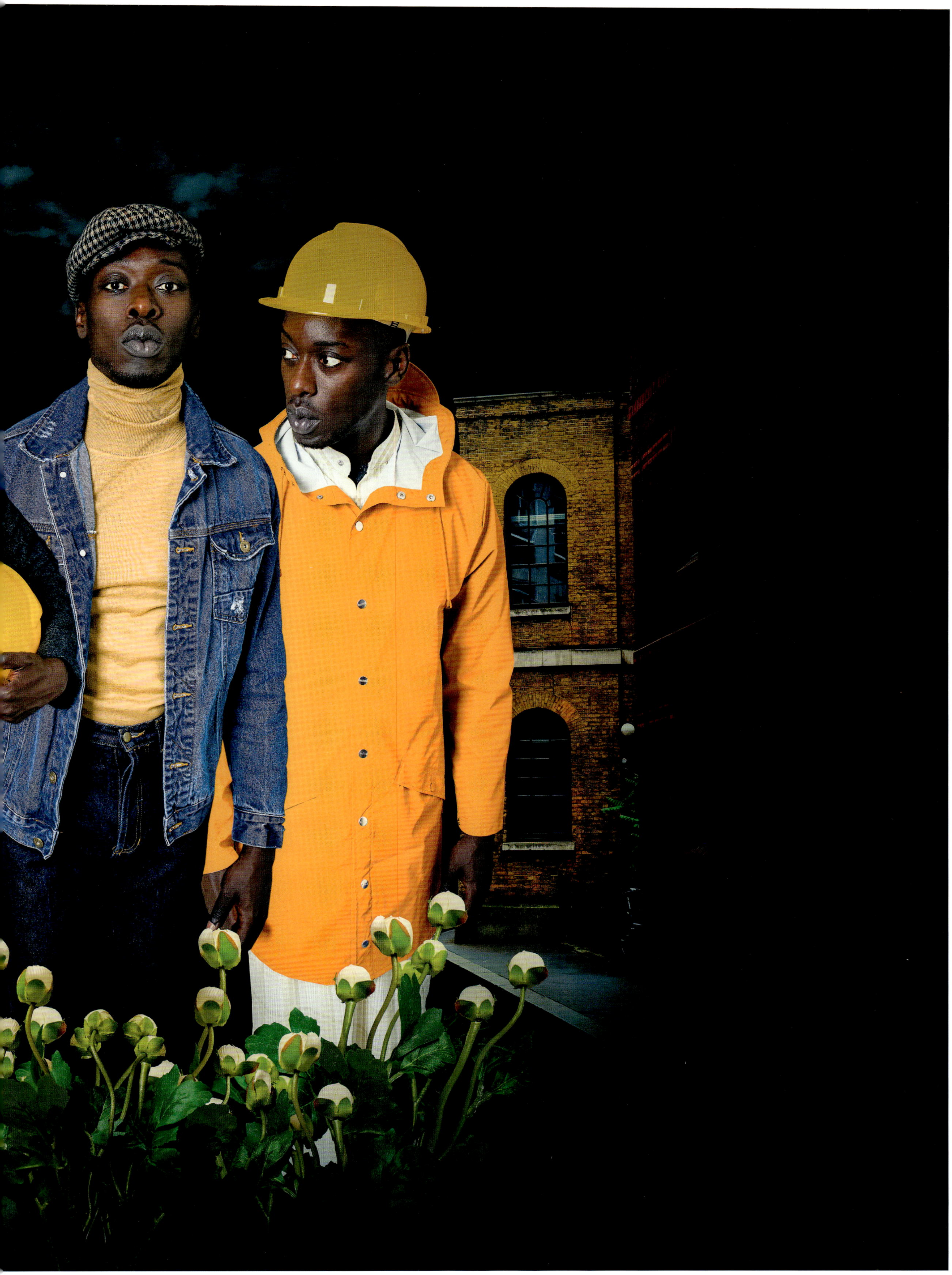

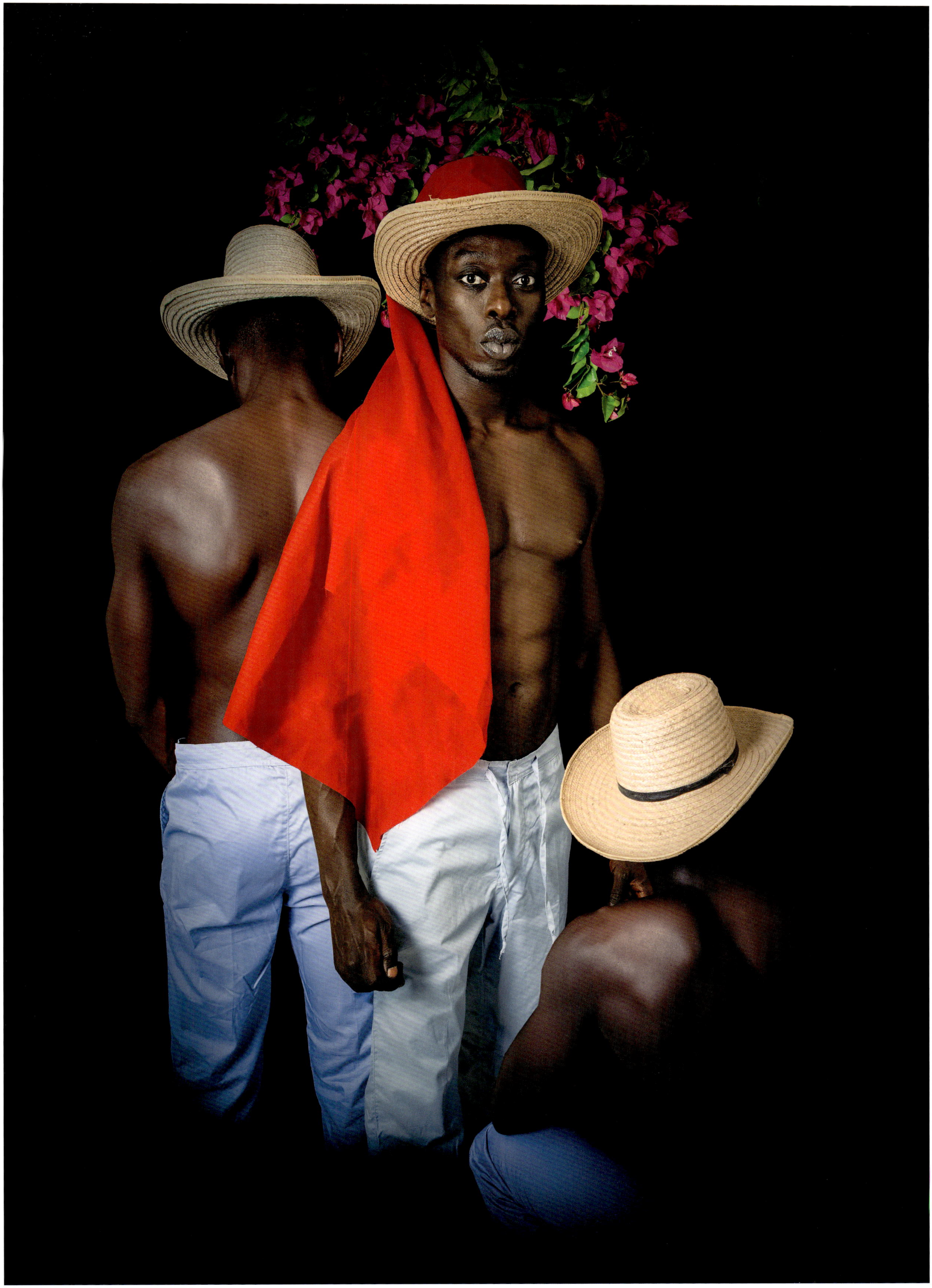

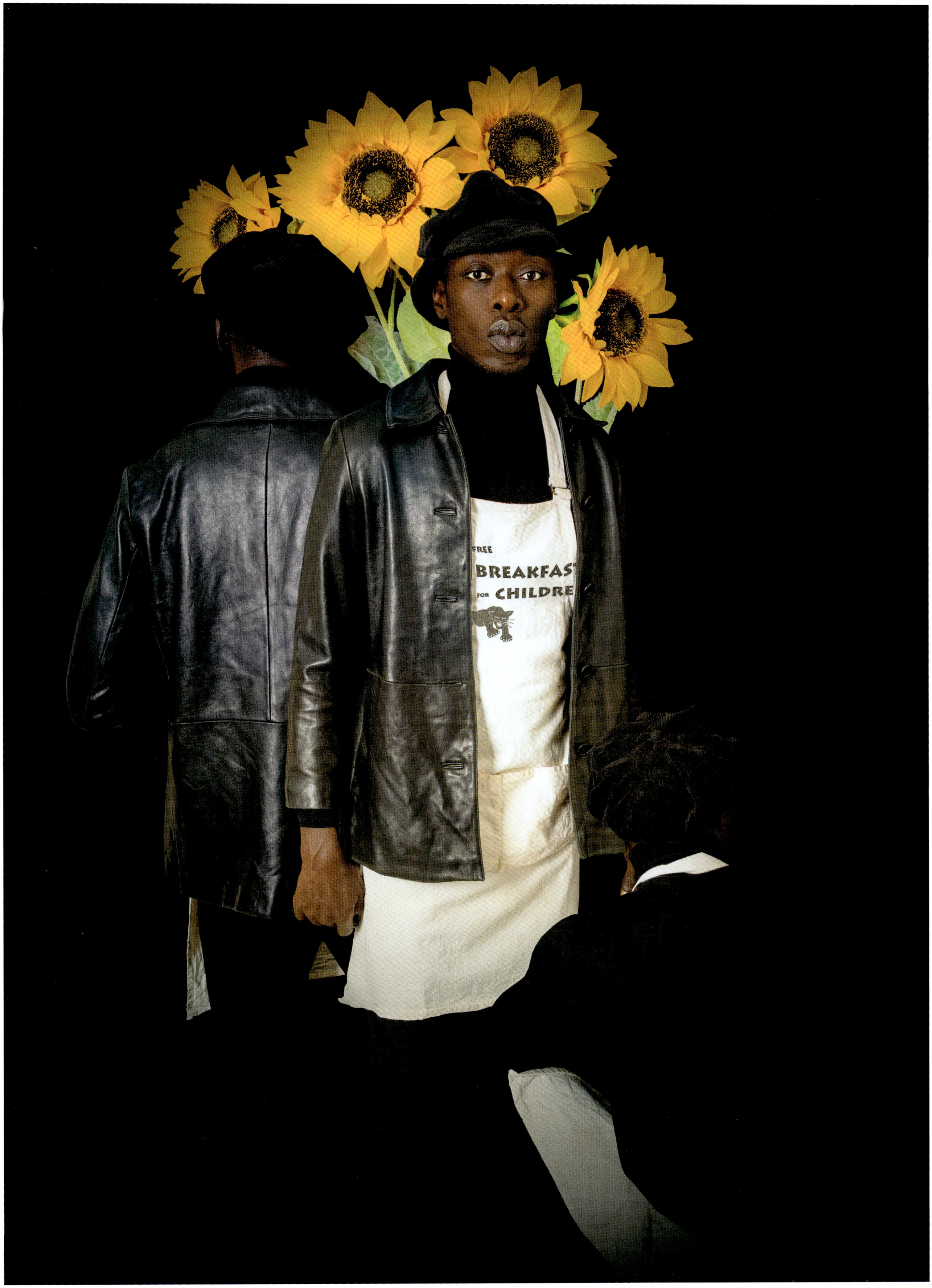
FREE
BREAKFAST
FOR CHILDRE

Entrevue avec Omar Victor Diop
Marvin Adoul

UN DIMANCHE, N'IMPORTE LEQUEL

J'ai coutume de dire que si je n'avais pas été photographe, j'aurais choisi une autre forme d'art, peut-être écrivain ou peintre. Au fond, ce qui m'a toujours animé, c'est de raconter des histoires. Le soir après le boulot, je confectionnais des parures avec des déchets que j'avais chez moi : du vieux papier kraft, une serpillière, un sac d'oignons, des bouteilles en plastique. J'étais alors cadre dans une entreprise. Je ne saurais pas dire ce qui, un dimanche, ce dimanche de 2011, me poussa à acheter un appareil et à prendre des photos. Et pourtant, je conviai une amie d'enfance qui fut mannequin, devant une grande toile blanche que je tendis dans mon arrière-cour ; je l'habillai de mes fabrications, et fis cette série, *Le Futur du beau*, soumise sous l'impulsion d'un ami photographe au jury de la Biennale de la photographie africaine de Bamako. Je n'avais rien prévu.

TROUVER SA PLACE

On dit souvent qu'il faut trouver une place dans la société, mais en réalité, c'est elle qui trouve une place en nous. J'ai toujours su que je voulais être indépendant, que l'entreprise n'était pas faite pour moi. Avant que je ne décide d'être pleinement photographe, j'étais cadre la journée et j'étudiais la photographie le soir, par internet. Je mettais mon matériel dans le coffre de ma voiture et je filais à l'heure du déjeuner pour shooter une campagne de pub sur un marché de Dakar, mais comme j'ignorais encore telle ou telle fonction de mon appareil, je me faufilais dans les toilettes les plus proches, sortais mon manuel d'instructions, et retournais sur le shoot, la bonne manipulation en tête !

En 2012, j'ai participé aux Rencontres d'Arles six mois après celles de Bamako. Dès lors, j'ai commencé à être photographe « à temps plein ». Je ne pourrais pas dire que je suis devenu photographe par hasard, mais c'était totalement soudain. Il y a eu des concours de circonstances, de la chance, des rencontres heureuses... Lorsqu'on me demande si je suis autodidacte, je réponds oui, puisque je me suis formé sans école, seul. En vérité, on ne se forme jamais sans les autres. J'ai eu des admirations, pour Jean-Paul Goude notamment. J'ai eu des premiers contacts avec la photo, comme ces portraits et ces clichés des grandes occasions que je voyais rassemblés dans l'album familial.

Le monde de l'enfance ressemble de près à une chambre noire, pleine de clichés négatifs que l'on développe avec le temps, et que l'on ne comprend qu'une fois la chambre quittée. Je voyais les clichés de mon grand-père pris par Mama Casset – j'ignorais son nom, mais je regardais avec fascination ces poses en studio. Les studiotistes tels que Seydou Keïta, Malick Sidibé ou Mama Casset ont été l'une de mes influences. Je lisais aussi les chefs-d'œuvre de la littérature afro-caribéenne, j'étais happé par certains personnages de Maryse Condé, dans *Ségou*, dont les destins terribles annonçaient la fin des tourmentes et l'affirmation d'une Afrique libre. Sans regretter les études en finance que mes parents m'ont encouragé à faire, je trouve dommage de ne pas avoir fait une école d'art ou un conservatoire ; et cependant, la photographie était omniprésente dans mon quotidien, l'image peuplait nos vies, ici, au Sénégal.

SÉNÉGAL, MON SÉNÉGAL...

Je suis le sixième d'une fratrie de six. À première vue, nos influences étaient les mêmes que celles de nos contemporains parisiens ou new-yorkais : le clip *Thriller* de Michael Jackson, les pubs Kodak avec Grace Jones, le cinéma de Bollywood, les magazines comme *Afrique Magazine* ou *Paris Match*... Mais il y avait aussi tout le surnaturel dont est imprégné Dakar. Un jour, peut-être à travers la vidéo, je raconterai ces histoires de Mami Wata, la déesse de l'eau, et de ce superbe génie sorti de la mer, qui n'a qu'une seule jambe, une jambe de jument. Mon imaginaire est nourri de ces trésors du Sénégal. En plus des influences communes et des mythologies traditionnelles, nos parents ont semé en nous la graine de la fierté nationale et des revendications identitaires, eux qui avaient vécu le jour de l'indépendance. Je me rends compte que, par facilité, on se plie parfois à l'image que l'on se fait de nous. Il faut cependant prendre la liberté de tailler toutes les facettes que la vie a exprimées en nous, et apprivoiser à sa manière toutes les influences que l'on a reçues.

ŒUVRER

Une photographie, c'est une Idée qui pose. Il m'est arrivé d'écrire mes photos avant de les mettre en scène. Oh, je ne montrerai jamais les textes... ce sont tantôt des monologues, tantôt des suggestions pour que vous voyiez ceci ou cela dans un portrait. Il peut m'arriver de composer de manière spontanée et de faire dialoguer un sujet avec mon univers. C'est ainsi que le *Studio des vanités* est le fruit d'allées et venues, de découvertes dans l'armoire de l'oncle et de la tante, de customisations faites sur la machine à coudre de ma mère. Ce qui m'importe, c'est de créer encore une fois que la photo est prise. Une Idée, ça résiste, ça se cache derrière l'objectif. Il faut continuer le processus de création, la retouche, l'incrustation d'éléments graphiques.

Je travaille en numérique. C'est un élément de création plus qu'une création de vérité. C'est aussi la question de la couleur. Chéri Samba dit que les couleurs sont des émotions et qu'il les utilise pour véhiculer un état d'esprit. Je pense que je fais à peu près la même chose, ou du moins, j'essaye de faire la même chose avec les éléments graphiques. C'est un langage que j'ai adopté et qui est devenu, quelque part, une signature visuelle : faire parler la couleur.

L'ESTHÉTIQUE DE L'ESPRIT

Mes séries se présentent comme les chapitres d'une histoire. On peut lire ces trois chapitres, *Diaspora*, *Liberty* et *Allegoria*, comme une chronologie invoquant le passé, le présent et l'avenir. On s'étonne parfois que je choisisse de me mettre en scène et de figurer mes sujets, hormis quelques exceptions dans *Liberty*. On se trompe si l'on croit que je me représente. Plus je me montre, plus je disparais derrière les représentations d'hommes et de femmes, de combats et d'événements, de sentiments enfin. Ces séries racontent l'histoire d'un esprit du temps qui s'est incarné dans un corps. Comme dit le philosophe, « Je suis responsable pour moi-même et pour tous, et je crée une certaine image de l'homme que je choisis ; en me choisissant, je choisis l'homme. »

Au regard des différents titres de mes séries, « vanités », « liberté », « allégorie », mais aussi mes sujets, méditations sur le temps, la nature, l'histoire, j'éprouve le désir de comprendre le monde où je suis, et notre place dans la modernité. En somme, ma photographie célèbre ceux dont on ne parle jamais, par des présences qui, je l'espère, conversent avec les spectateurs, et font résonner ce qu'il y a de respectueux et de tolérant, d'humain en nous tous. Je commence à croire que mes intuitions m'ont poussé vers l'esthétique baroque et classique des XVIIe et XVIIIe siècles, esthétiques à l'origine de ma série, *Diaspora*. C'est à se demander si j'ai mené des recherches, ou si ce sont les recherches qui m'ont trouvé !

DIASPORA

Ce premier chapitre figure des personnalités africaines, hommes brillants et talentueux constituant une diaspora sur tous les continents. Les cours d'histoire que l'on suivait à l'école nous montraient des guerriers luttant contre la colonisation et mourant en héros. Bien que je sois respectueux de la mémoire de ces héros, ils appartiennent à un mythe national. J'aurais aimé que l'on me montre aussi Jean-Baptiste Belley, Frederick Douglass ou Don Miguel de Castro. C'est une façon d'initier notre regard à la vitalité et au rayonnement des Africains. Ces hommes sont les exemples de la réussite africaine, de la connaissance raffinée mise à l'épreuve du monde. Je pense aussi au Français noir d'aujourd'hui qui gagnerait à voir le révolutionnaire Jean-Baptiste Belley dans un manuel d'histoire. Il me semble, oui, que la République offre à chacun la possibilité de connaître toutes les histoires qui ont conflué jusqu'à elle. Ce serait dommage qu'aillent à l'oubli les vies et les récits, parfois tragiques, de ces personnages. Le plus étonnant, c'est que tout est là : le tableau de Belley est à Versailles, je suis moi-même né à trois kilomètres de l'endroit où naquit Belley. C'est encore un appel à la curiosité sans cesse renouvelée pour les lieux que nous habitons, et pour les hommes qui les ont habités avant nous.

Au départ, je faisais de simples recherches pour améliorer ma technique. Je me trouvais à Malaga où j'étudiais la peinture de Vélasquez, sa traduction picturale de la lumière. J'éprouvais avec tendresse l'harmonie des couleurs, la clémence du soleil sur une joue ou sur un dos nu ; et je me demandais : « Pourrais-je faire cela avec la photo ? » Puisque mon portfolio est en très grande partie composé de peaux noires, j'en cherchais des exemples dans la peinture. Je tombai sur le *Juan de Pareja* de Vélasquez. Son histoire, celle d'un esclave bientôt affranchi par le peintre, me bouleversa. Je découvris peu à peu un véritable panthéon d'hommes remarquables dispersés à travers toute l'Europe. Pour la première fois, je choisissais l'autoportrait – je n'avais jamais osé ! –, et prêtant mon corps à ses âmes, j'effectuais, personnage après personnage, une marche solennelle, un pèlerinage sur le chemin de ces illustres Africains.

Laissez-moi vous raconter l'histoire d'Angelo Soliman. Sa vie est un véritable roman du XVIIIe siècle, un paysan parvenu ou le destin d'un esclave lettré. Cet enfant du Nigeria est réduit à l'état d'esclavage en échange d'un cheval, puis racheté par le soldat von Lobkowitz dont il sauve la vie lors d'une bataille. D'aventure en aventure, ce mathématicien et philosophe obtient l'estime de l'empereur autrichien Joseph II, et devient une personnalité éminente de la société viennoise. Mais voilà que cet homme intelligent, confident de Mozart et Haydn, cet homme baptisé et respectable se retrouve empaillé à sa mort comme un animal, paré de plumes et de coquillages. Il sera exposé jusqu'en 1805 au Musée d'histoire naturelle de Vienne comme modèle de « nègre savant ». Bien sûr, mon portrait ne copie pas à l'identique son portrait de 1750. L'anachronisme du football est une manière d'intriguer, d'examiner la situation actuelle par le prisme de ce baromètre moderne qu'est la diaspora sportive. Il n'y a pas si longtemps, un entraîneur du championnat avait méprisé l'intelligence d'un joueur noir tout en saluant ses aptitudes physiques. Ici, le regard d'Angelo Soliman est tourné vers le lointain, mais au loin, ce qu'il regarde, c'est nous, c'est maintenant ! J'aimerais que l'on soutienne son regard, et qu'on lui réponde : « Nous t'avons vu, et nous te remercions. »

LIBERTY

Cette deuxième série contrebalance la première. Après les identités africaines singulières, l'identité collective de l'homme et de la femme noirs. *Liberty* est ce chapitre qui honore les révoltes contre l'oppression et l'exploitation que le peuple noir a connues, de l'esclavage en Orient aux drames récents qui déclenchèrent le mouvement Black Lives Matter. Ce trait d'union entre l'Afrique, l'Europe et l'Amérique rappelle que la liberté se conjugue au présent. Elle n'attend pas, elle n'espère pas. Celles et ceux qui ont subi la violence systémique, ces femmes et ces hommes regardent les spectateurs à travers l'objectif, et semblent leur dire : « Pas de liberté sans justice. »

En convoquant cette chronologie universelle de la protestation noire, je voulais que l'on se souvienne, non pas pour revendiquer ou pour se lamenter, mais pour s'unir. Connaître les conditions dans lesquelles ont vécu ces hommes et ces femmes, tels que les cheminots du Dakar-Niger ou la paysanne Aline Sitoé Diatta, c'est considérer ces vies, c'est dire qu'elles comptent. C'est pourquoi, d'ailleurs, ces photographies peuvent paraître plus austères. Beaucoup se joue dans la ligne de regard, tantôt hors champ, tantôt frontale. Je ne cherche pas à entrer dans des particularismes ; certes, les circonstances changent selon le lieu et l'époque, et il serait hâtif de parler d'« une » identité quand les cultures varient d'un pays à l'autre, mais cette série expose le puzzle des luttes et l'écrasement d'une puissance, parfois visible, parfois pernicieuse, sur le corps d'une personne noire, d'où qu'elle soit.

ALLEGORIA

Si un saint devait descendre sur terre et nous parler de l'avenir, il parlerait à tous les hommes, et il serait très éloquent, n'est-ce pas ? Dans ce troisième chapitre, *Allegoria*, l'humanité se présente environnée d'espèces florales et animales bientôt ou déjà disparues. Cette humanité devant protéger la vie, soucieuse de ne pas voir la biodiversité devenir un souvenir consultable dans les manuels d'histoire naturelle, est bel et bien le point culminant, l'ultime respect que nous devons témoigner au vivant.

Souvenez-vous, dans ma première série *Le Futur du beau*, j'imaginais une sorte de *Vogue* en 2112, un magazine mode et recyclage trouvé dans un kiosque à Lagos. C'était l'enfance de l'art. En fait, je ne voulais pas accuser directement ni accabler de discours sur la question écologique. Aujourd'hui, je souhaite impliquer davantage le spectateur, l'interroger, lui rappeler que devant la nature, chacun a sa responsabilité. L'Afrique est aussi concernée que les autres continents. Cela fait exactement dix ans que j'ai saisi un appareil photo avec l'intention de montrer la lutte de mon peuple, ses moments de fierté, son altruisme, son incroyable diversité et sa capacité d'adaptation. Dans cette nouvelle conversation, j'aspire à nous voir participer et prendre les devants dans le mouvement environnemental mondial.

Le jardin symbolique qui environne mon allégorie ne connaît pas de frontières, et peut tout aussi bien mêler des parties différentes de la planète que des éléments ou des saisons contraires. Il appartient au spectateur de déchiffrer le langage de l'allégorie, de saisir les codes, les valeurs et les sens que revêtent une abeille, un dodo ou un roseau. Qu'éprouvez-vous en voyant une biche dans une ambiance portuaire, accompagnée de mouettes, de coraux et de poissons ? Le dérèglement climatique ? Un dialogue au sein de la faune ? Tout comme pour un texte prophétique, le lecteur fait son interprétation. J'ai voulu donner une dignité religieuse à mon allégorie, un recueillement parfois apaisé, tel saint François d'Assise veillant sur les espèces, parfois joueur, comme Orphée enchantant la nature. La religiosité de la série vient de la peinture sous verre du Sénégal, dont je me suis inspiré. Cette histoire mène finalement à une scène où l'humanité se disperse en réflexions, débats, déplore et tergiverse, tandis que se déchaînent une mer rouge et des chasseurs de baleine. Mais que voyez-vous, connaisseurs et connaisseuses du présent, architectes de l'avenir ?

Interview with Omar Victor Diop
Marvin Adoul

SUNDAY, ANY WILL DO

I customarily say that if I hadn't been a photographer, I would have chosen another form of art, perhaps writing or painting. Basically, what I've always enjoyed doing is telling stories. When I used to get back from work in the evenings, I would make costumes out of bits and pieces I found at home: old wrapping paper, a mop, an onion bag, some plastic bottles. I was a business executive at the time. I couldn't say what it was that prompted me to buy a camera one Sunday, that Sunday in 2011, and start taking photos. And yet, there I was, photographing a childhood friend and now a model, having got her to wear my fanciful garb and pose in front of a big white cloth I had hung in my backyard, for what was to become the series "Le Futur du beau" (The Future of Beauty). At the urging of a photographer friend of mine, the pictures were entered at the African Biennale of Photography in Bamako. I never expected it.

FINDING ONE'S PLACE

It is often said that you have to find your place in society, but actually it's society that finds a place for you. I've always known I wanted to be independent, that I wasn't cut out to be a company man. Before I decided to be a full-time photographer, I was an executive during the day and studied photography in the evenings, on the internet. I would put my material in the boot of my car and take off at lunchtime for an advertising campaign shoot in a market in Dakar, but since I still didn't know what this or that function on my camera did exactly, I'd sneak off to the nearest toilets, get out the instruction manual, look up what I needed to know and go back to the shoot, in full command of my camera!

I took part in Rencontres d'Arles in 2012, six months after the Bamako event. I've been a "full-time" photographer ever since. I wouldn't say I became a photographer by chance, but it was certainly completely sudden. There was a combination of factors, some luck, and a number of timely encounters... When they ask me if I'm self-taught, I answer yes, since I learned alone, without attending any courses. But in fact no one learns how to be a photographer without others. I admired other photographers, especially Jean-Paul Goude. My first experiences of photography were the portraits and snapshots taken on important occasions that I found in the family album.

A child's world is very similar to a darkroom, which is full of negatives that are developed over the years and understood only after you've left the room. I saw the pictures Mama Casset took of my grandfather. I didn't know his name, but I was enchanted by those poses in a studio. In fact, studio photographers, like Seydou Keïta, Malick Sidibé, and Mama Casset, were some of my influences. I also read the masterpieces of Afro-Caribbean literature, and I was captivated by certain characters in Maryse Condé's *Segu*, whose terrible fate signaled the imminent end of the turmoil and the emergence of a free Africa. While I don't regret having studied finance, as my parents encouraged me to do, I feel it's a pity I never attended art school or a conservatoire; even so, photography has always been ubiquitously present in my daily life. Images filled our lives here, in Senegal.

SENEGAL, MY SENEGAL

I'm the youngest of six children. On the face of it, our influences were the same as those of our contemporary Parisians or New Yorkers: Michael Jackson's *Thriller*, the Kodak advertising campaign featuring Grace Jones, Bollywood cinema, magazines like *Afrique Magazine* or *Paris Match*... But at the same time there was the supernatural world Dakar is saturated with. One day, perhaps through video, I'll tell these stories of Mami Wata, the water goddess, and of the magnificent genie who emerged from the sea and has only one leg, a mare's leg.

My imagination is stocked with these Senegalese treasures. Along with the commonplace influences and traditional mythologies, our parents, who were there at independence, also sowed in us the seeds of national pride and an awareness of our identity. I realize that we sometimes take the easy option and just accept the image others have of us. However, we must acquire the freedom to prune back all the accretions that life has foisted on us and come to grips, each of us in his own way, with all the influences that we have received.

A WAY OF WORKING

A photograph is an idea in pose. I've sometimes written my ideas down before actually taking a photo. There's no chance of my ever showing what I've written. They're sometimes monologues, sometimes notes about what to do so that this or that aspect of a portrait comes out. I'll occasionally make a composition spontaneously and make a subject interact with my world. That's why my *Studio des vanités* is the result of various comings and goings, discoveries in my uncle and aunt's wardrobe and impromptu customizing done on my mother's sewing machine. The thing that matters to me is to continue creating once the photo has been shot. An idea is something that lasts, it hides behind the lens. I want to continue the process of creation by retouching and adding graphic details.

I work with digital photography. It's part of the creative process rather than the creator of truth. It's also a matter of color. Chéri Samba says that colors are emotions and he uses them to express a mood. I think I do more or less the same thing, or at least I try to do the same thing with graphic elements. It's a language I've adopted and it's somehow become a visual signature of mine: making color talk.

THE AESTHETICS OF THE SPIRIT

My series take the form of chapters in a story. You can read these three chapters, "Diaspora," "Liberty," and "Allegoria," as a chronological sequence referring to the past, the present, and the future. People are sometimes surprised to find that I choose to depict myself and to act out my subjects, except for a few pictures in "Liberty." But on the other hand it's a mistake to think I'm portraying myself. The more I show myself, the more I disappear behind the representations of men and women, battles and events—feelings, in other words. These series tell the story of a spirit of the times that is made flesh in a body. As the philosopher said: "I'm responsible for myself and for everyone, and I create a certain image of the man I choose; in choosing myself, I choose the man."

As regards the different titles of my series, "Vanities," "Liberty," and "Allegory," and my subjects, meditations on time, nature, and history, they reflect my need to understand the world where I am, and our place in modernity. Basically, my photography celebrates those we never talk about, through presences which, I hope, say something to the viewer and make what is respectful, tolerant, and human in each of us reverberate. I'm beginning to think that my instincts have led me towards the aesthetics of the Baroque and the Neoclassicism of the seventeenth and eighteenth centuries, the aesthetics that underlie my series, "Diaspora." It's a moot point whether I've conducted investigations or if it was the investigations that found me!

DIASPORA

This first chapter features African personalities: brilliant, talented men who constitute a diaspora across the continents. The history courses we had at school described warriors struggling against the oppression of the colonists and dying as heroes. While I respect the memory of these heroes, they are really part of a national myth. I would have liked to learn something about Jean-Baptiste Belley, Frederick Douglass, or Don Miguel de Castro too. It's a way of focusing our attention on the energy Africans have shown and the impact they have had and can still have on others. These men are examples of the success Africans can achieve and the sophisticated understanding they can develop in measuring up to the world. I'm also thinking here of the Black Frenchmen of today, who would benefit from seeing the revolutionary Jean-Baptiste Belley in a history textbook. I really do believe that the Republic offers everyone the chance to know all the strands of history leading to it. It would be a pity if their lives and their sometimes tragic stories were to be consigned to oblivion. The astonishing thing is that it's all there: the painting of Belley is at Versailles, and I myself was born not three miles from where Belley was born. It's also an appeal to the ceaseless curiosity about the places where we live and the men who lived there before us.

At first, I did some straightforward research to improve my technique. I was in Malaga, where I was studying the way Velasquez conveyed the effects of the light through paint. I was moved by the harmony of the colors, the softness of the sunlight on a cheek or naked back, and I asked myself: "Could I do this with a photo?" Since my portfolio consists very largely of black skins, I looked for examples in painting. Then I came across Velasquez's *Juan de Pareja*. His story, a slave soon freed by the painter, bowled me over. I gradually discovered a veritable pantheon of extraordinary men scattered throughout Europe. I started taking self-portraits—I had never dared to before!—and, lending my body to these figures, I staged a solemn march, a pilgrimage along the route followed by these illustrious Africans.

Let me tell you the story of Angelo Soliman. His life could have come out of an eighteenth-century novel—what happens to an upstart peasant or the fate of a literate slave. This child of Nigeria was reduced to slavery in exchange for a horse, then bought once again by the soldier von Lobkowitz, whose life he saved in battle. From adventure to adventure, this mathematician and philosopher won the respect of Emperor Joseph II of Austria and became an eminent figure in Viennese society. But as fate would have it, at his death this intelligent, baptized, highly respectable man, a confidant of Mozart and Haydn who moved in the highest circles, was stuffed, decked out with feathers and shells and put on display in the natural history museum of Vienna until 1805, as an example of the "cultured negro." Of course, my portrait doesn't aim to copy his 1750 portrait perfectly. The anachronism introduced by the football is a way of tugging at the viewer's curiosity, a way of looking at the present-day situation through the prism of the modern barometer that is the sporting diaspora. Not so long ago, a team's manager disparaged a Black player's intelligence while praising his physical attributes. In the picture, Angelo Soliman's eyes peer into the distance, but it's us, it's now that he's really looking at! I'd like the viewer to hold his gaze and reply: "We've seen you, and we thank you."

LIBERTY

This second series is a counterpoint to the first: following outstanding African figures, the collective identity of Black men and women. "Liberty" is the chapter that honors the revolts against the oppression and exploitation that Black people have experienced, from slavery in the East to the recent tragedies that triggered the Black Lives Matter movement. This shared feature linking Africa, Europe, and America reminds us that liberty is an ever-present necessity. It doesn't wait, it doesn't rely on hope. These men and women, these people who have been subjected to systemic violence, look at the viewer through the lens and seem to say to him: "No liberty without justice."

My intention in depicting this universal chronology of Black protest was to act as a reminder, not as a prompt for any particular claims or complaints, but as a means of uniting. Knowing the conditions under which men and women, like the railway workers in Dakar Niger or the young peasant woman Aline Sitoé Diatta, have lived is a way of taking these lives into consideration, of saying they count. It's why these photographs can seem more austere too. A lot depends on the direction of the gaze, which is sometimes directed at an angle beyond the picture plane and sometimes straight at the viewer. I try not to go into contingent details; of course, circumstances change according to the time and place, and it would be hasty to talk of an "identity" when cultures vary from one country to another, but this series reveals the jigsaw of the struggles and the way force, sometimes visible and sometimes more surreptitious, is imposed on the body of a Black person, wherever he or she is from.

ALLEGORIA

If a saint were to descend on earth and talk to us about the future, he would speak to all men and be extremely eloquent, wouldn't he? In this third chapter, "Allegoria," humanity is depicted surrounded by species of flowers and animals that are soon to disappear, or have already done so. This humanity, anxious to protect life and not let this biodiversity become a memory to be looked up in natural history books, is assuredly the high point, the ultimate instance of the consideration we owe the natural world.

If you recall, in my first series, "Le Futur du beau," I imagined a kind of *Vogue* from the year 2112, a fashion and recycling magazine found in a kiosk in Lagos. My art was in its infancy. Indeed, I didn't want to make any direct accusations or offer a long-winded discourse on ecological matters. Today, I like to involve the viewer more, encourage him to question things, remind him that before nature everyone is responsible. Africa is as involved as the other continents. It's exactly ten years since I first picked up a camera with the object of depicting my people's struggle, its moments of pride, its altruism, its incredible diversity and its ability to adapt. In this new conversation, I would like us to take a leading role in the worldwide environmental movement.

The symbolic garden that surrounds my allegory knows no boundaries, and might just as easily blend together the different parts of the planet as opposite elements or seasons. It's up to the viewer to decipher the language of the allegory, to work out the codes, values, and meanings concealed in a bee, a dodo, or a reed. What do you feel if you see a doe in a port setting accompanied by seagulls, corals, and fish? What about climate change? Or communing animals? The reader is free to make his own interpretation, just as in a work of prophecy. I wanted to give my allegory a religious dignity, a sense of contemplation that is at times calm, like St Francis of Assisi looking after the animals, and sometimes exuberant, like Orpheus enchanting nature. The religiosity of the series comes from Senegalese reverse-glass painting, on which my work is based. This story eventually leads to a scene where humanity has dissipated its energies in reflections and debate, deploring the state of affairs and equivocating, while a red sea and whale hunters break loose. But what do you see, ladies and gentlemen, connoisseurs of the present and architects of the future?

DIASPORA

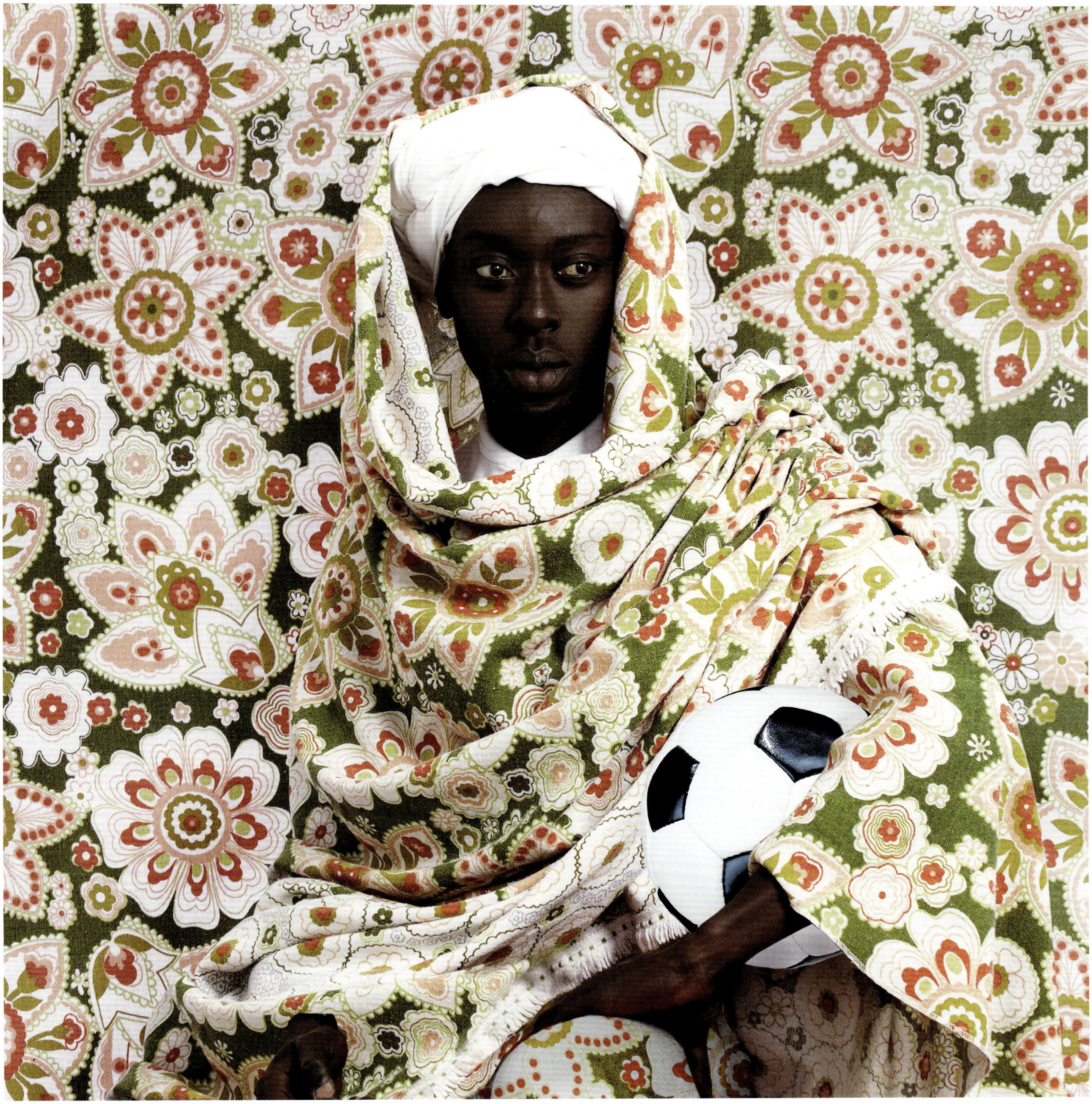

El Moro, 2014

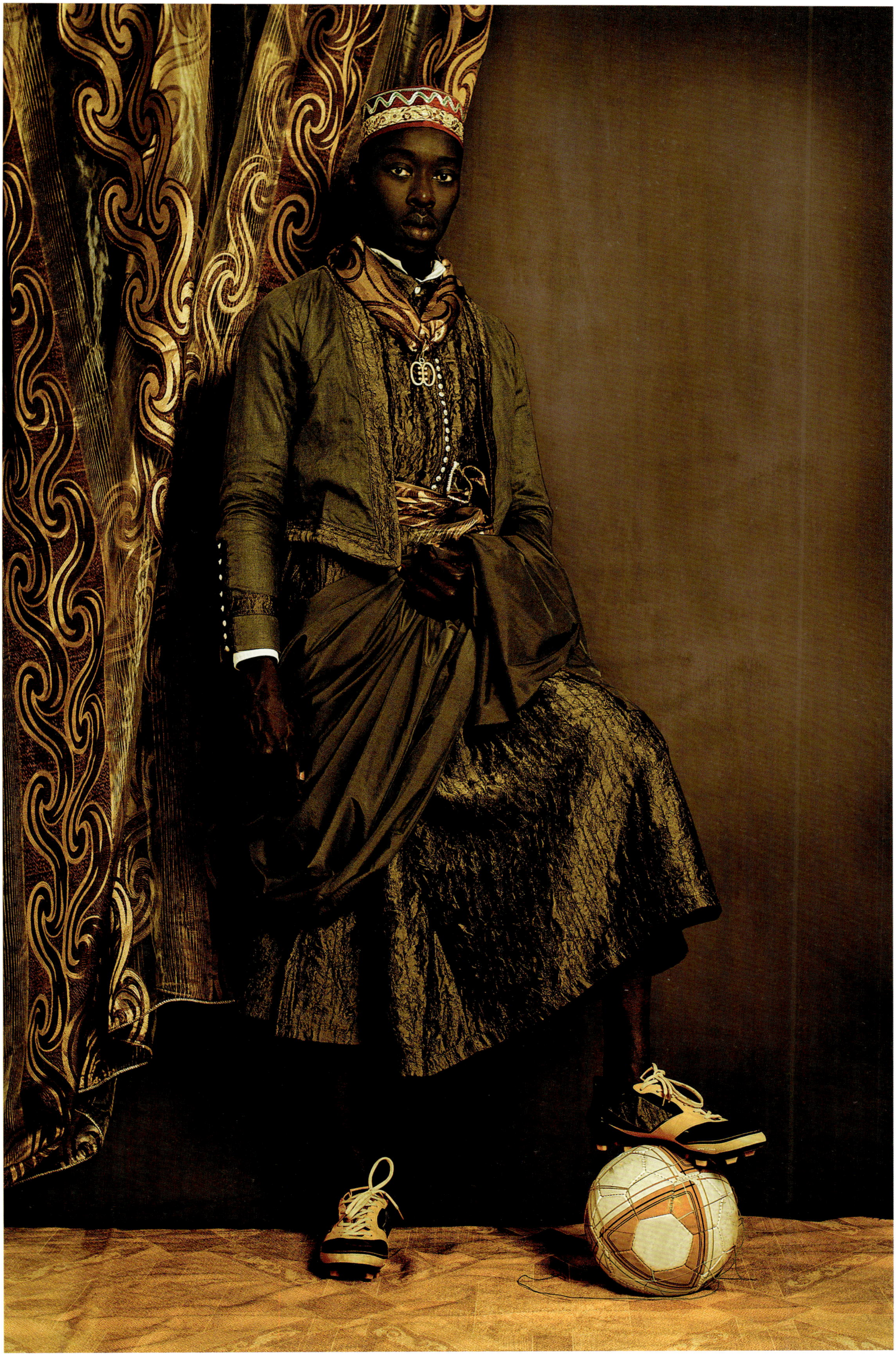

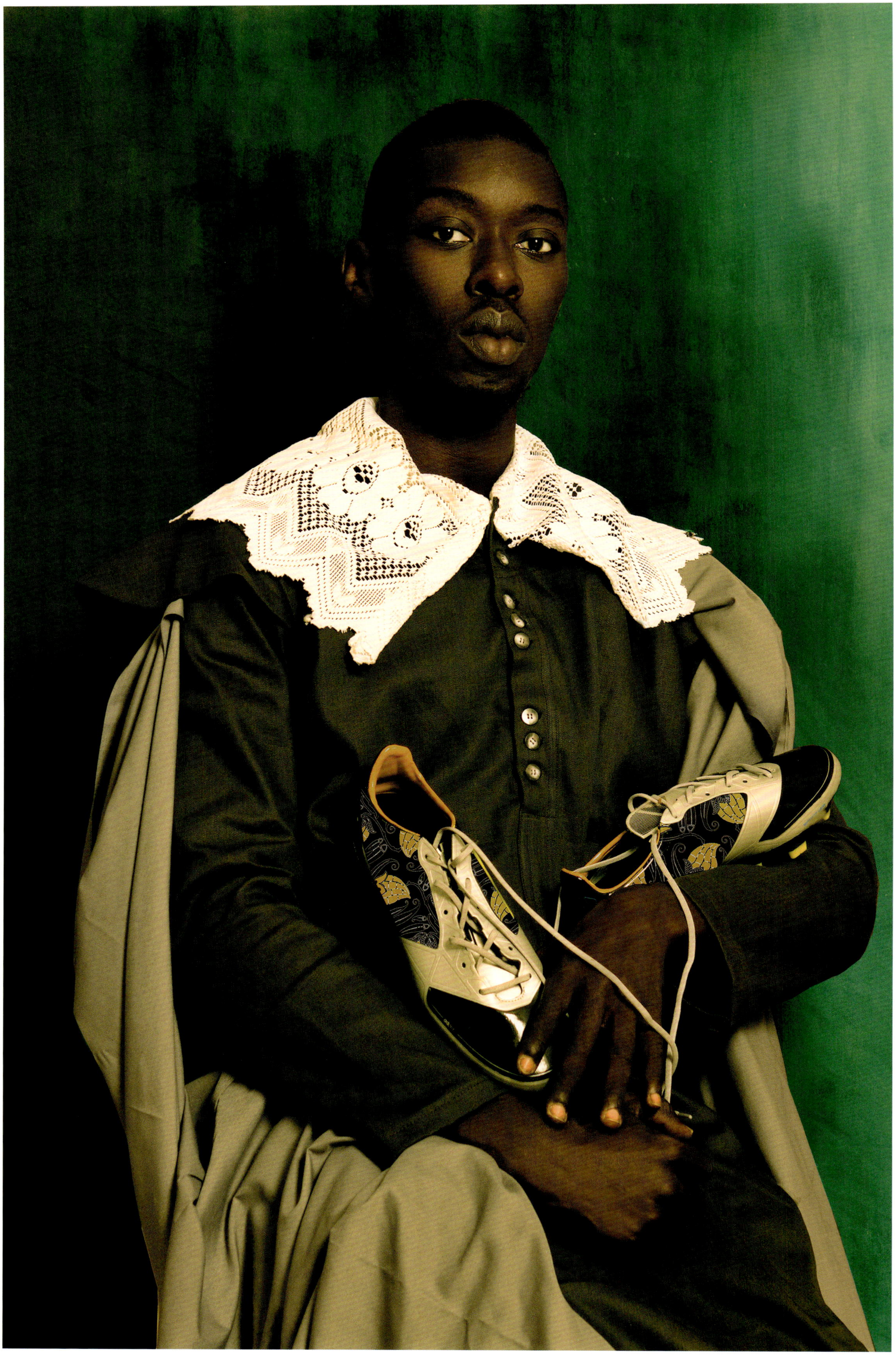

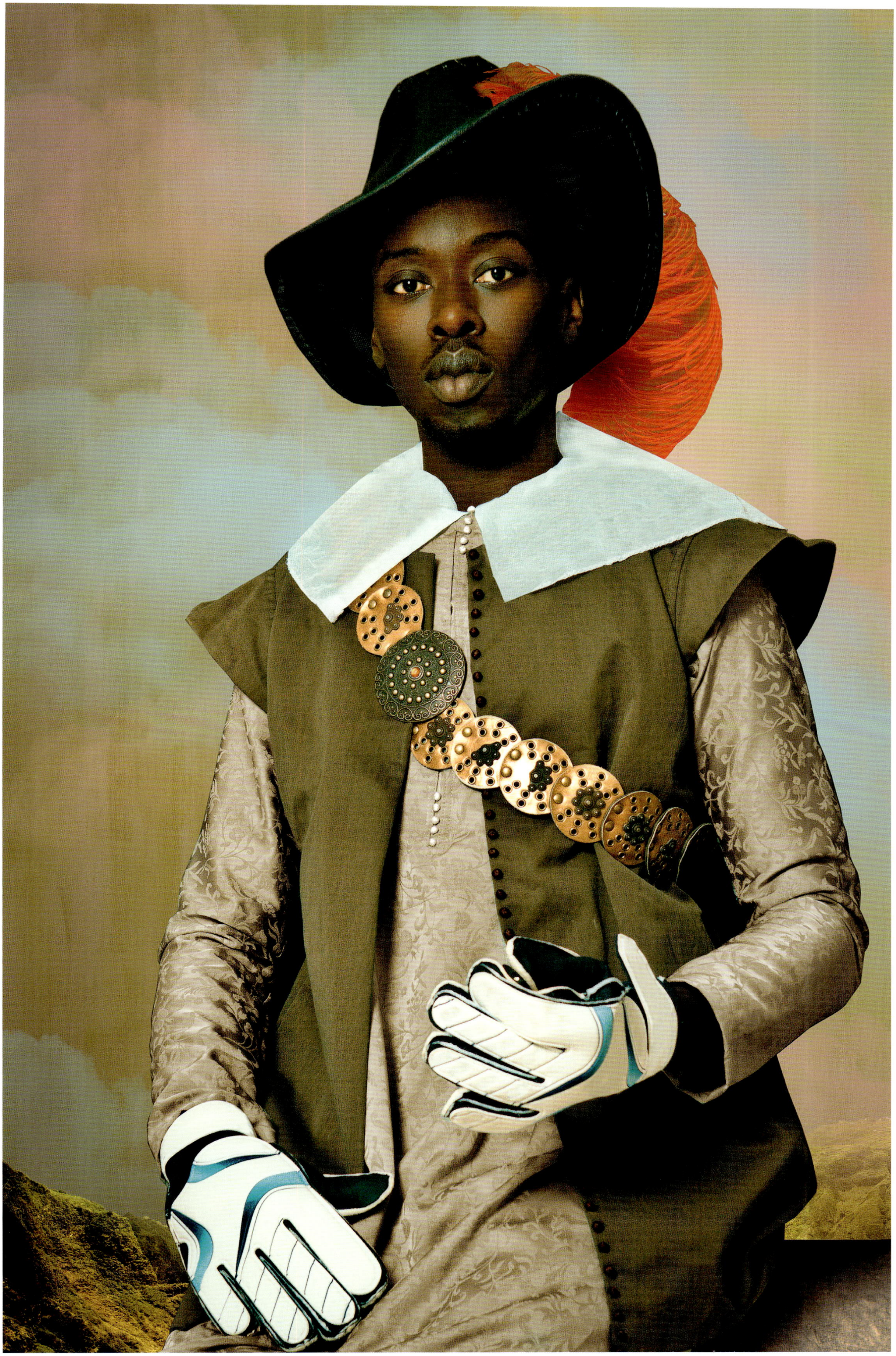

Juan de Pareja, 2014
Don Miguel de Castro, 2014

St Bénédicte de Palerme, 2014

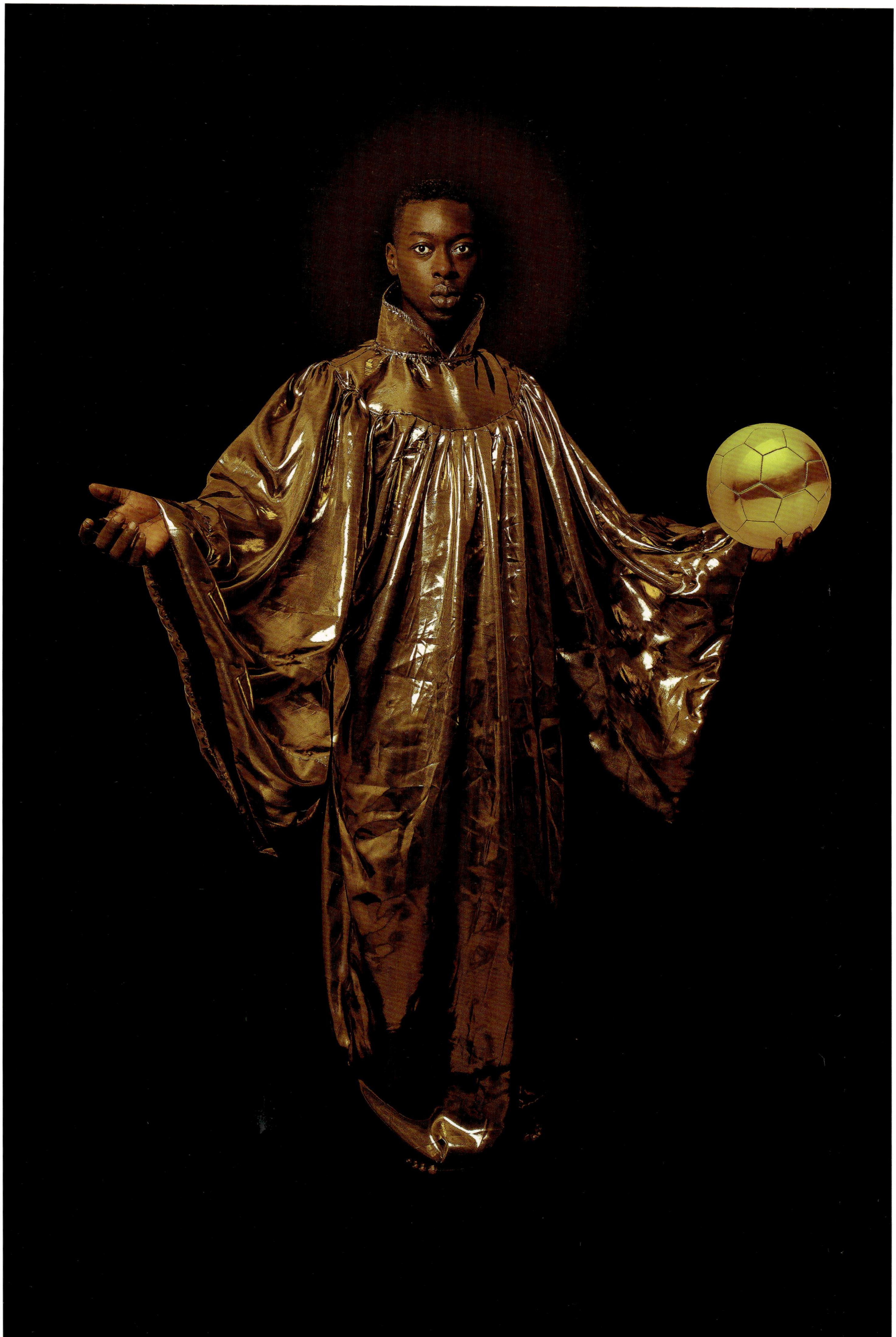

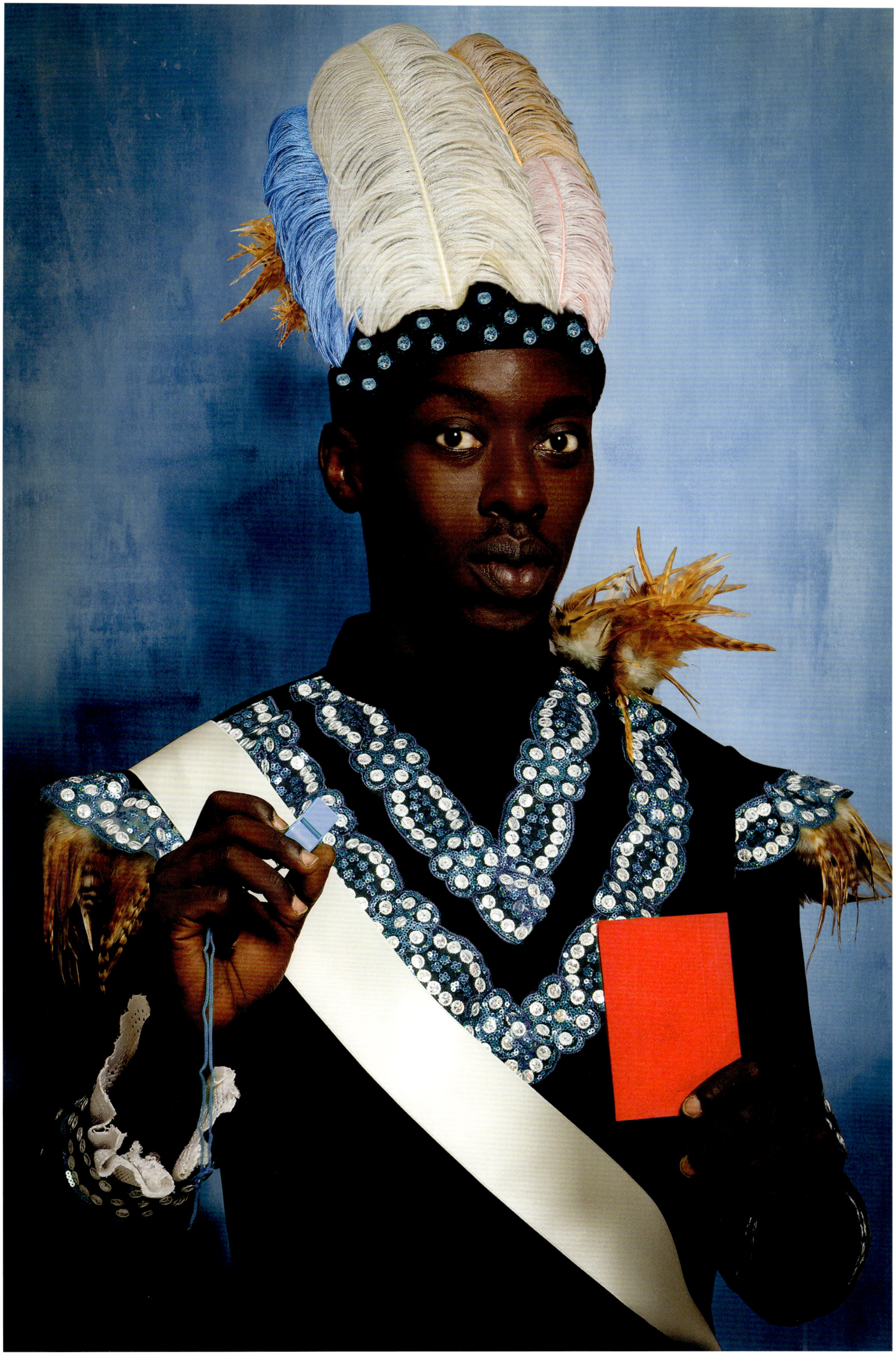

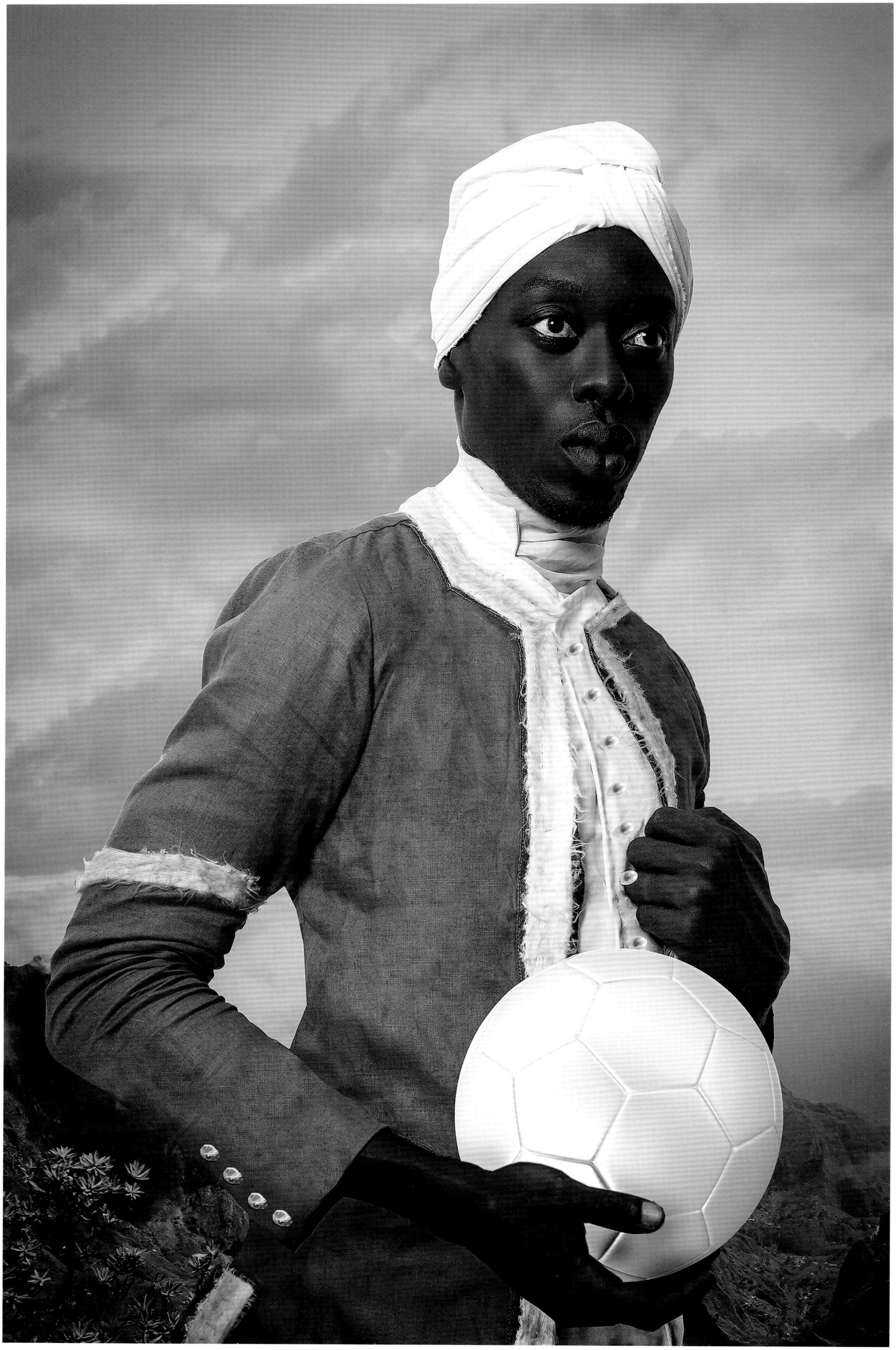

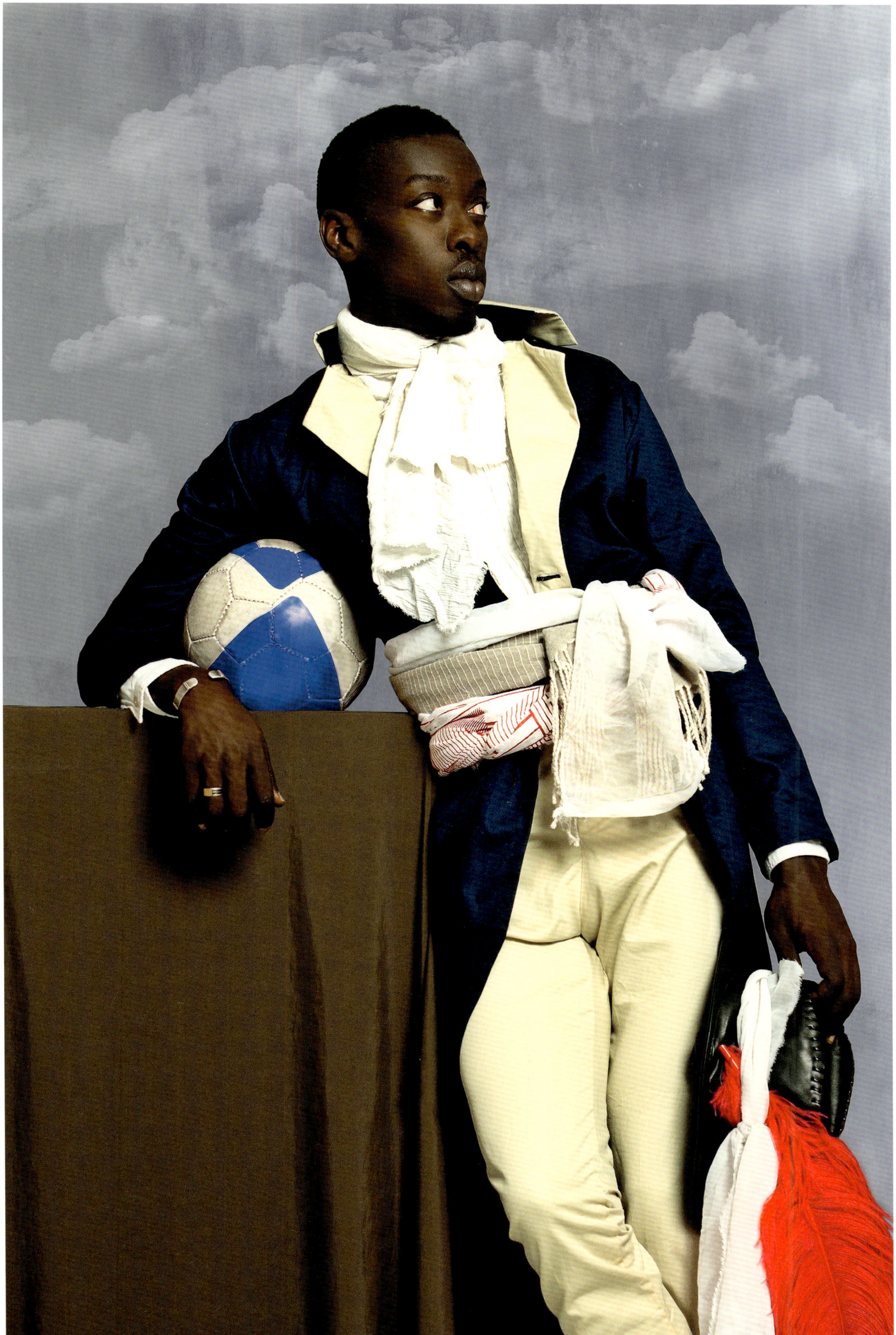

Angelo Soliman, 2014
Jean-Baptiste Belley, 2014

Olaudah Equiano, 2014

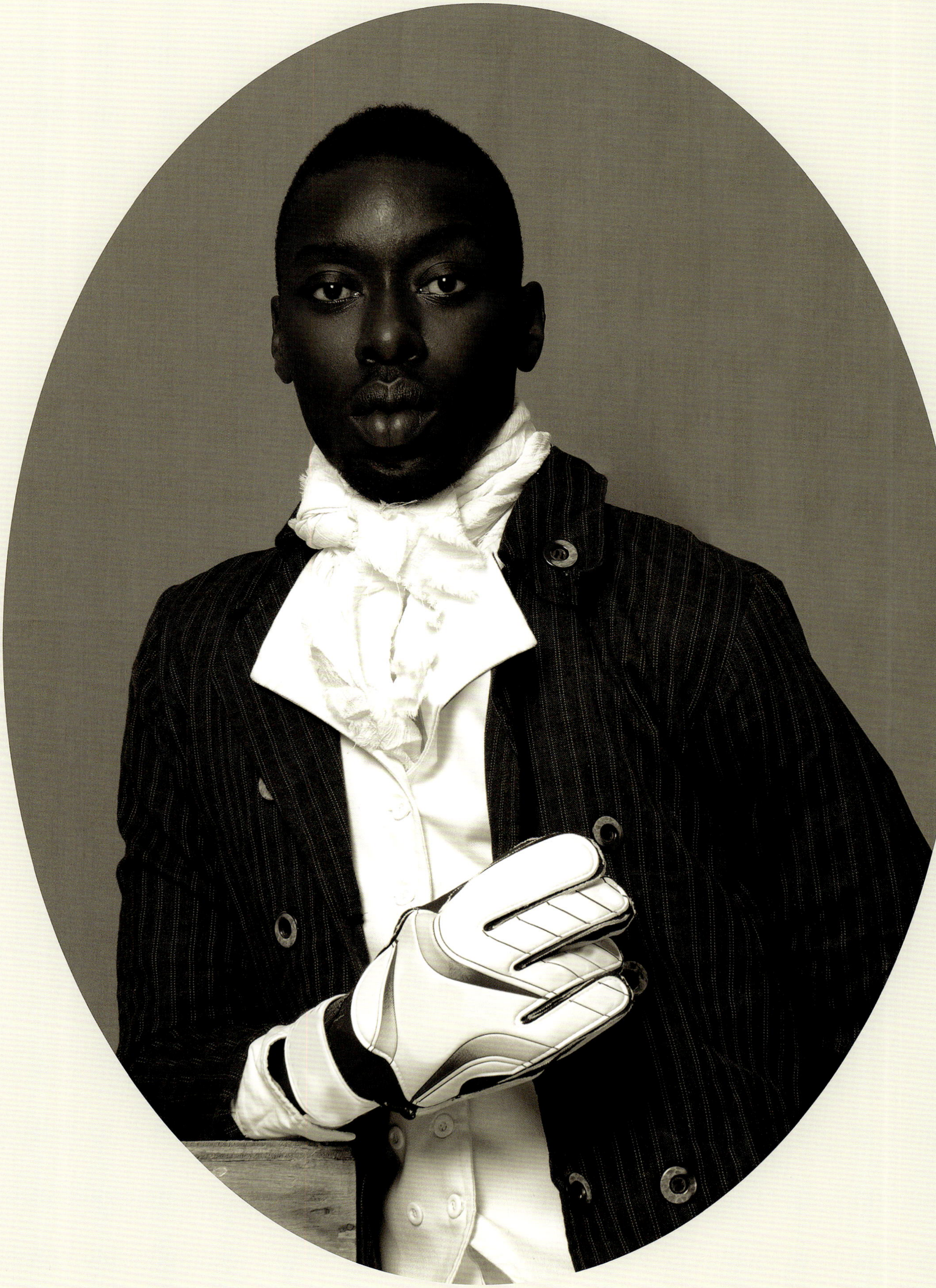

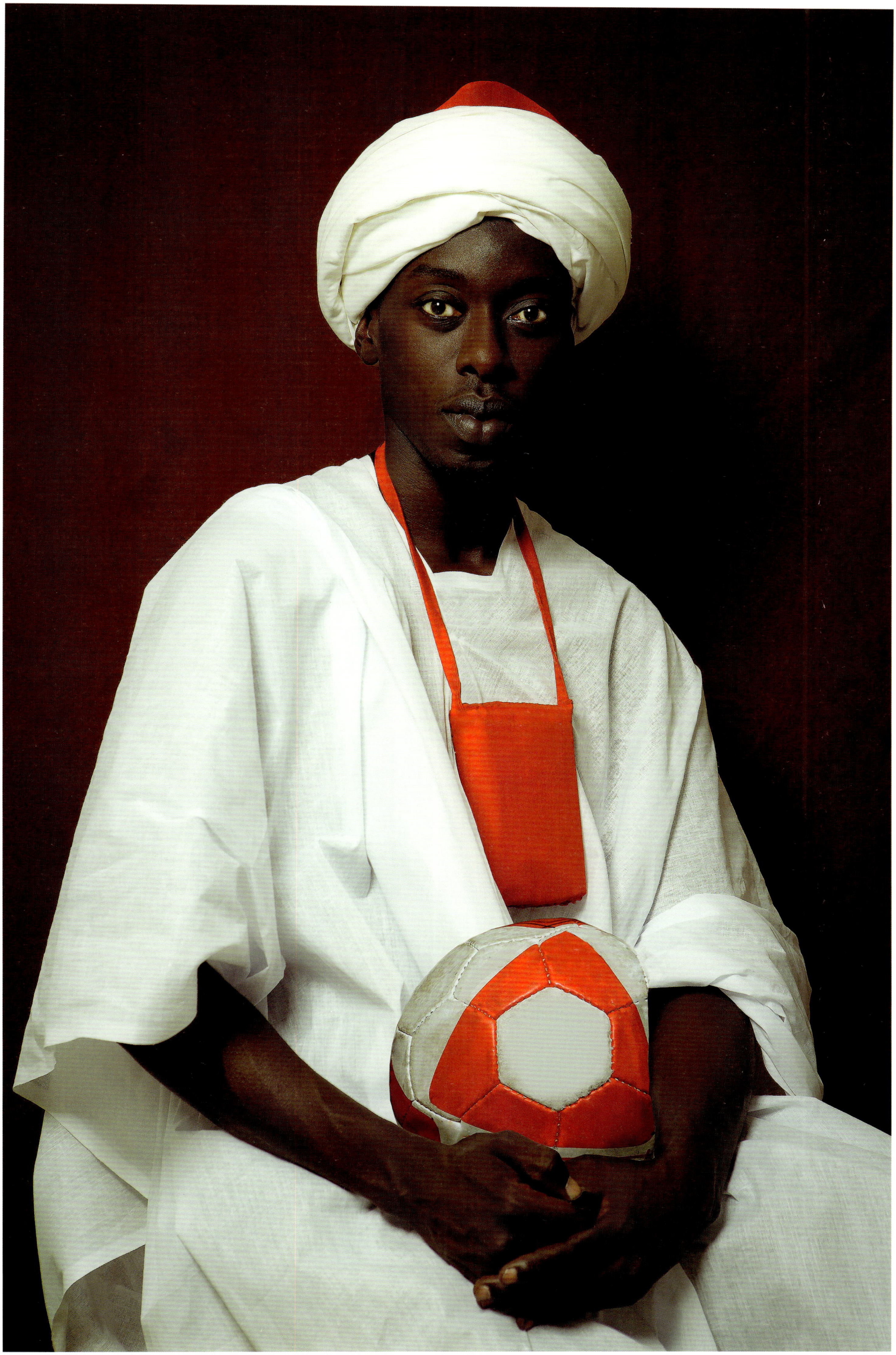

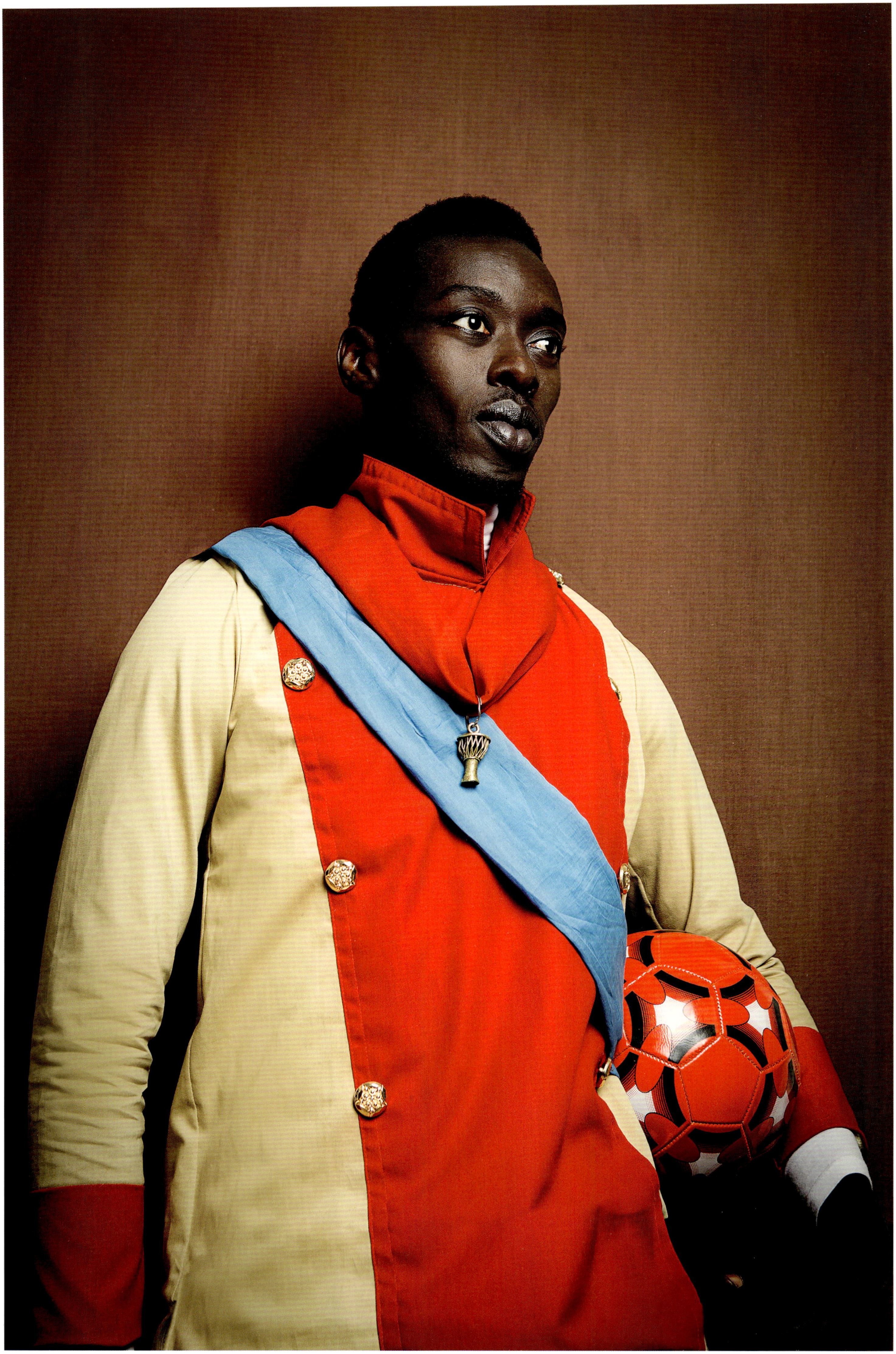

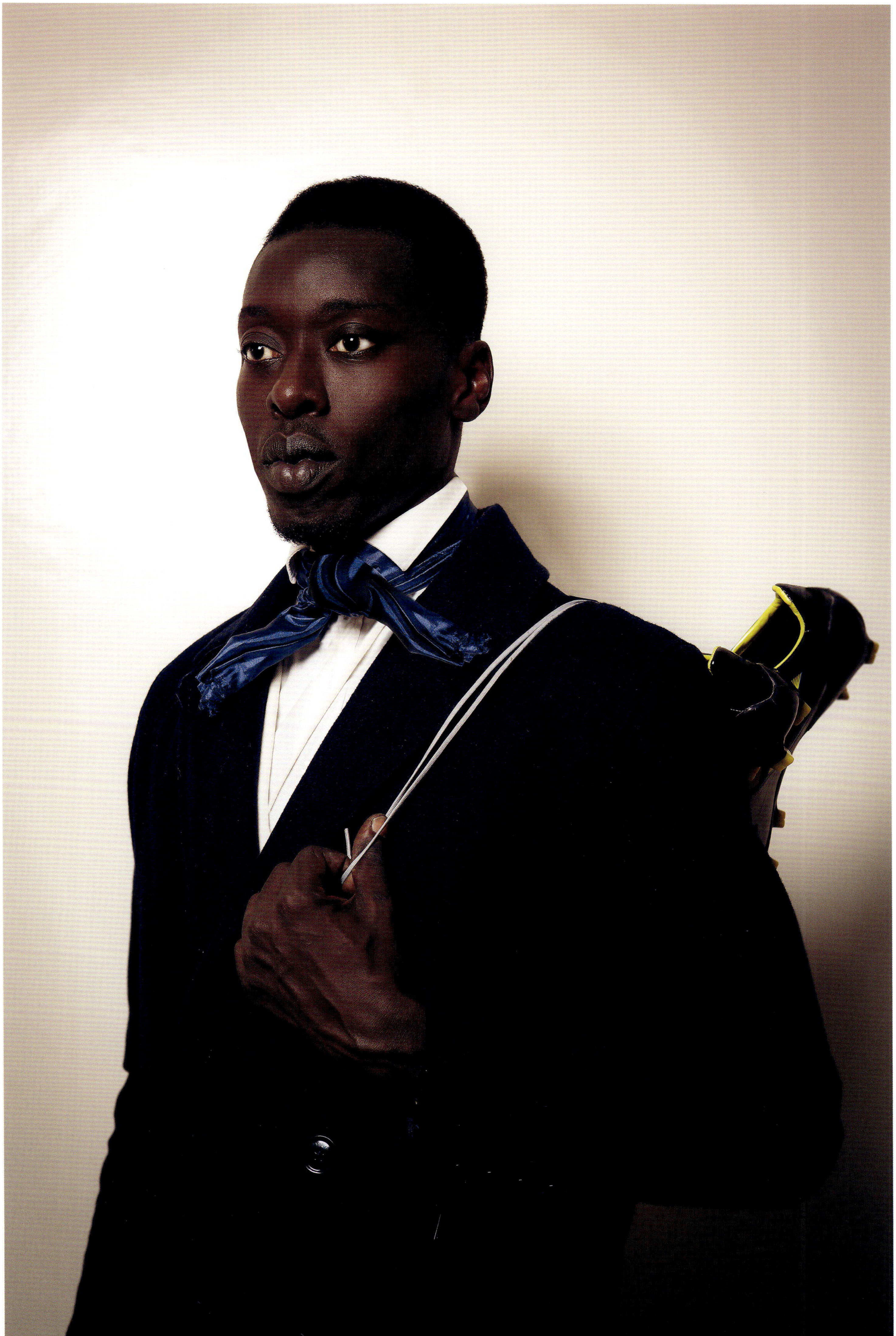

Henrique Dias, 2015
Kwasi Boakye, 2014

Pedro Camejo, 2015

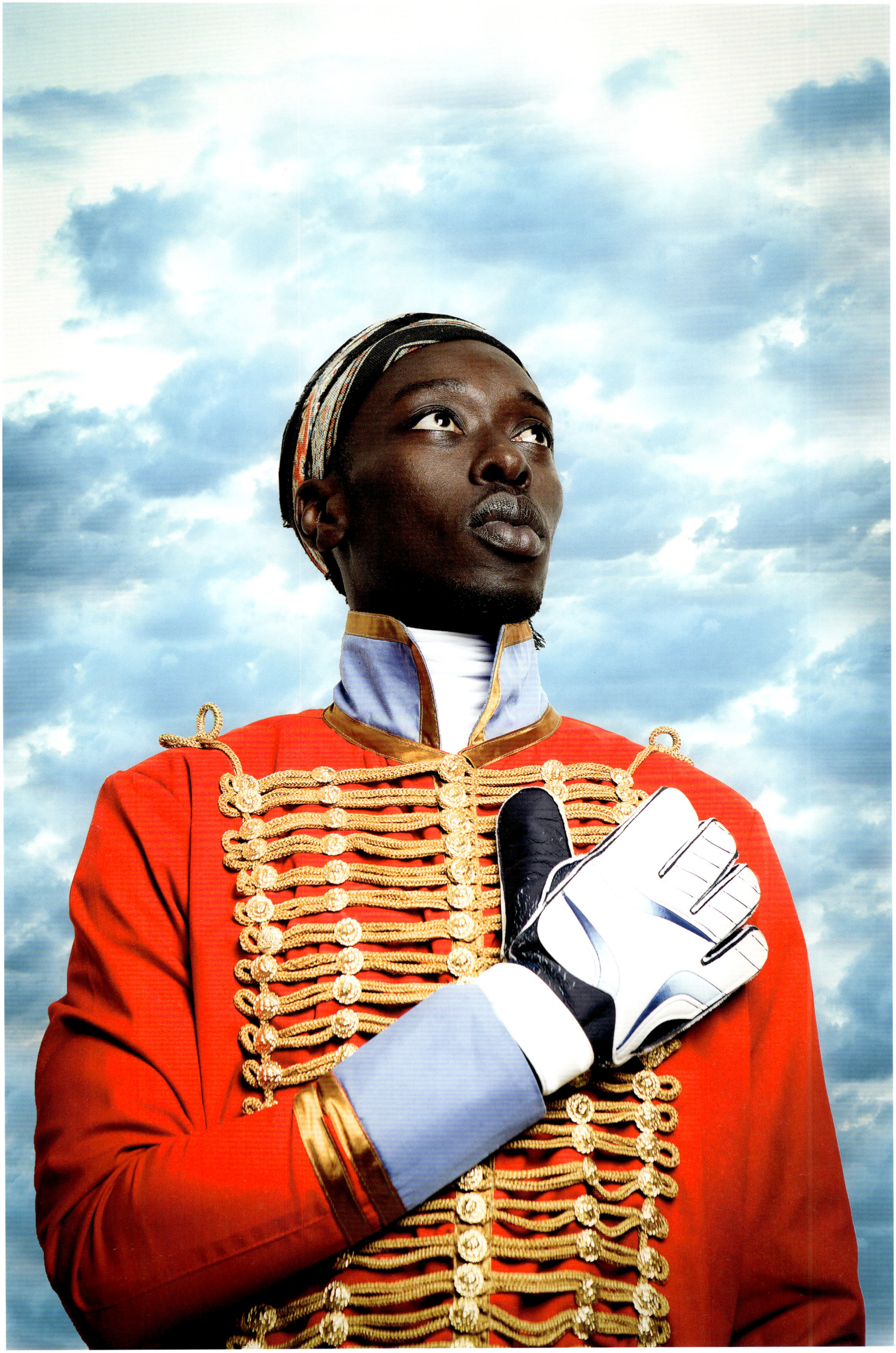

August Sabac el Cher, 2014

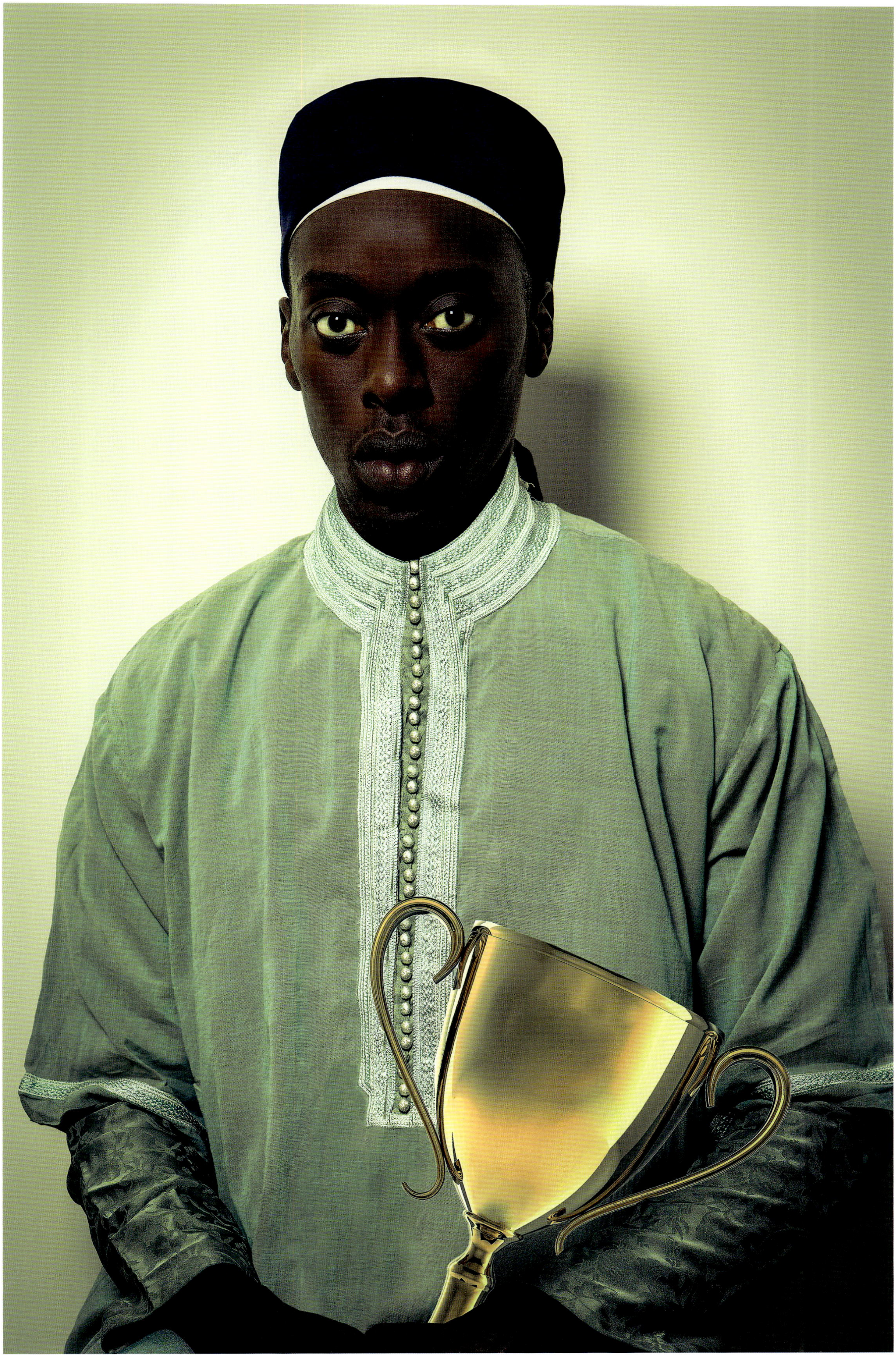

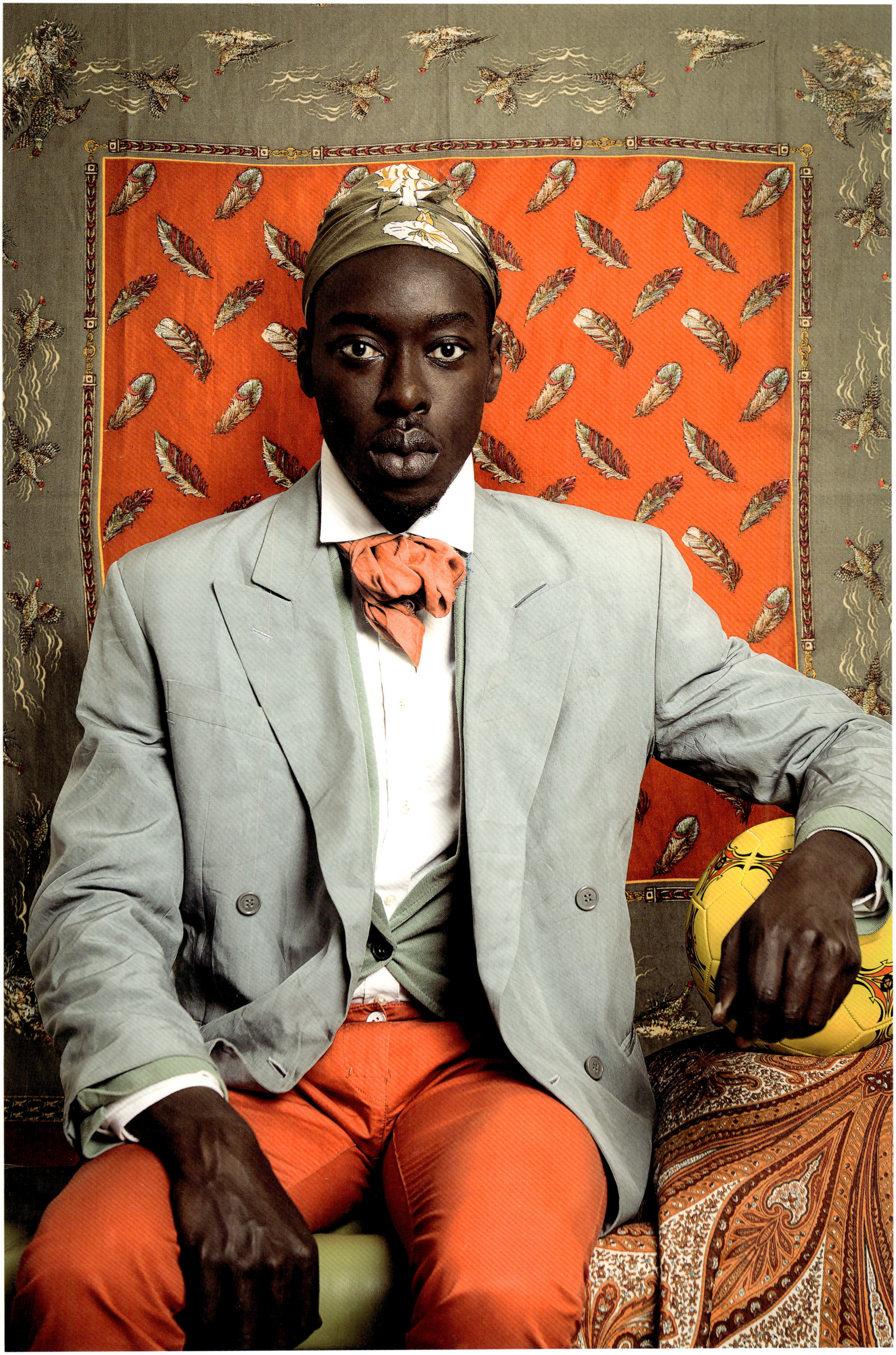

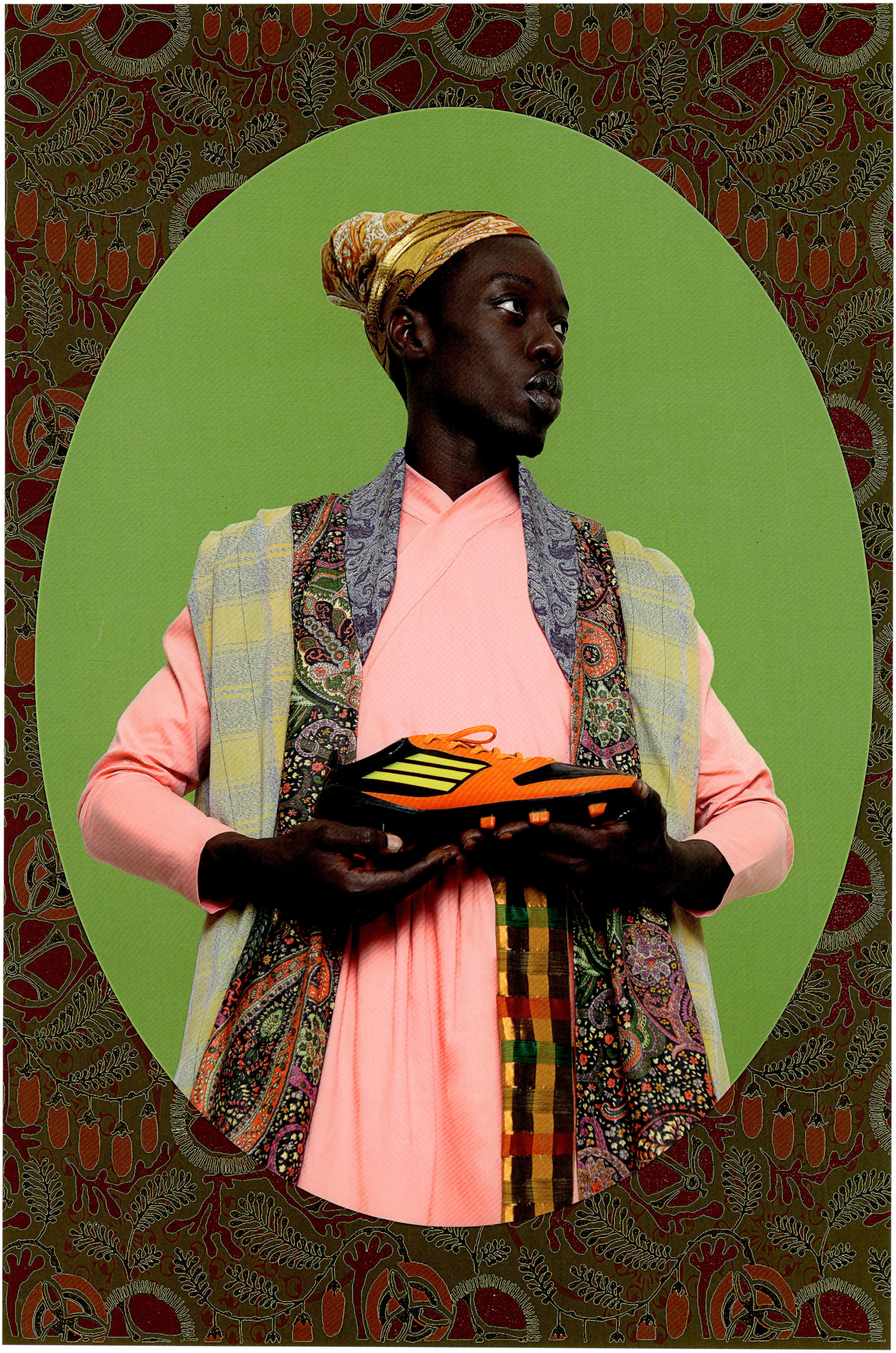

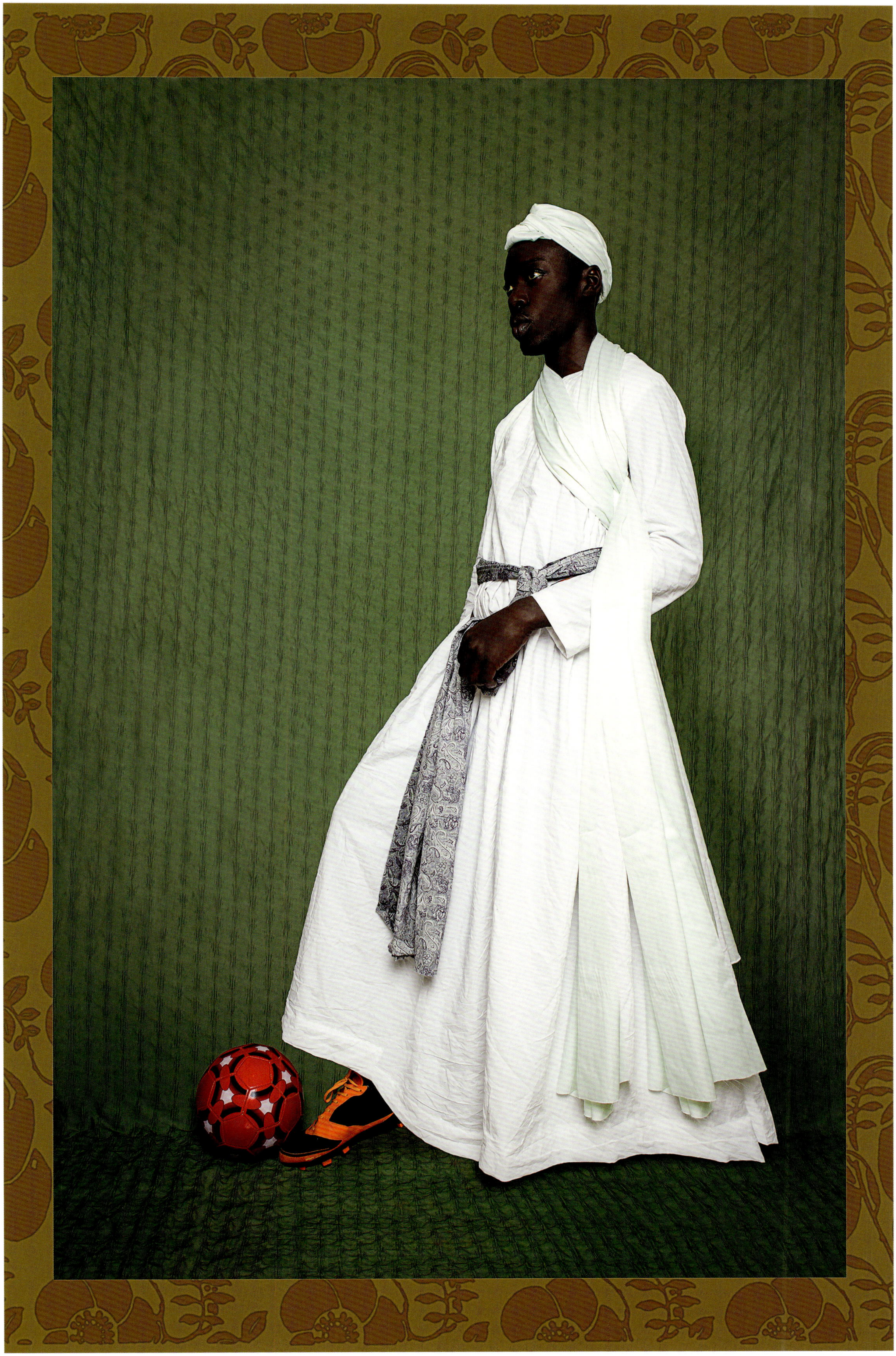

Ikhlas Khan, 2015
Malick Ambar, 2015

Frederick Douglass, 2015

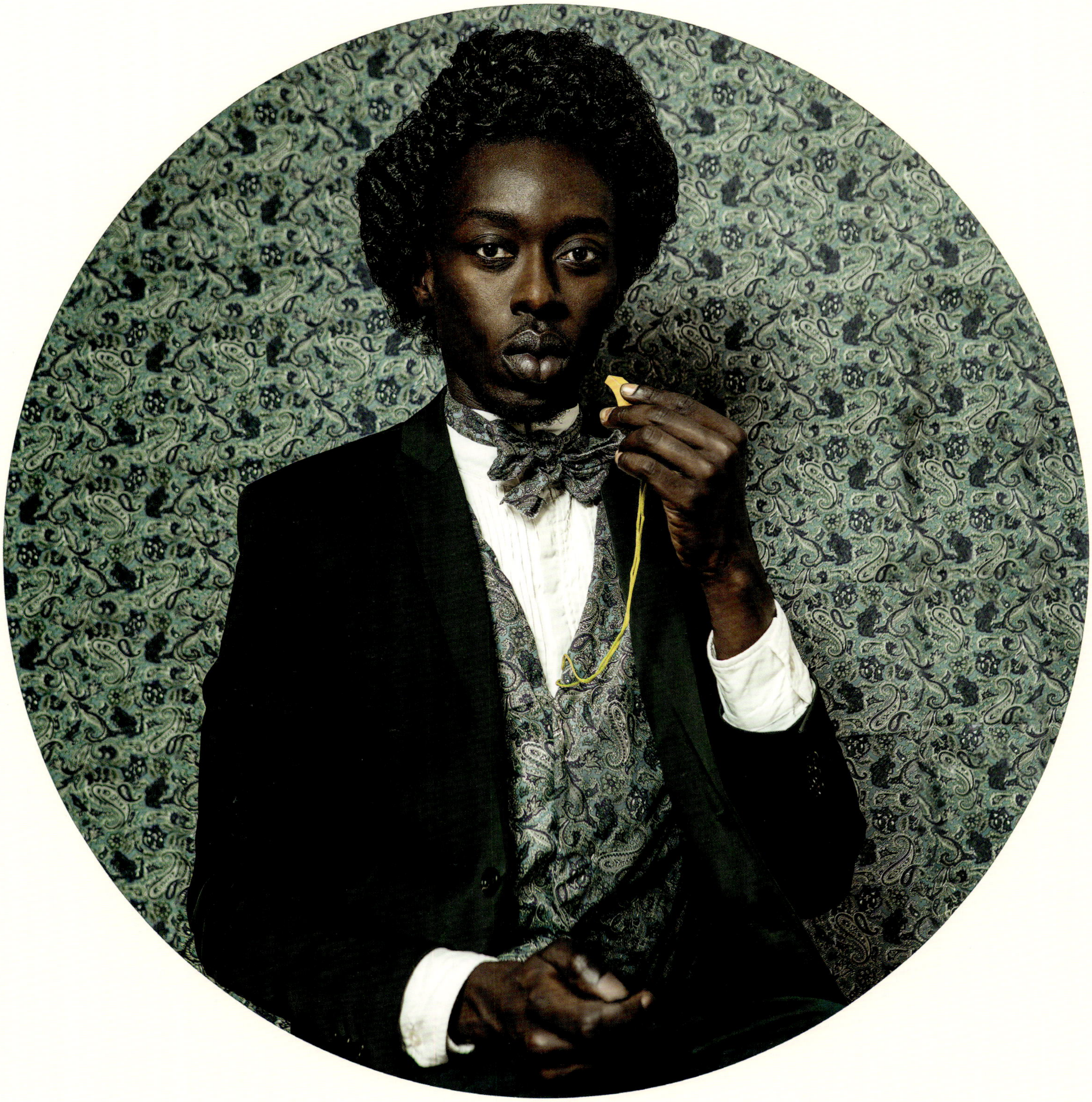

Omar Victor Diop est représenté en exclusivité
par la Galerie MAGNIN-A, Paris.
Omar Victor Diop is represented exclusively by MAGNIN-A Gallery, Paris.

Technique, format et édition
Medium, size and edition

ALLEGORIA

Impression jet d'encre pigmentaire
sur papier Canson Infinity Arches 88
Pigment inkjet print on Canson Infinity Arches 88 paper

50 x 75,6 cm, 60 x 60 cm ou 50 x 83,8 cm
Édition de 7 + 2 épreuves d'artiste
19 11/16 x 29 3/4 in, 23 5/8 x 23 5/8 in or 19 11/16 x 32 15/16 in
Edition of 7 + 2 artist's proofs

80 x 121 cm, 100 x 100 cm ou 80 x 134 cm
Édition de 5 + 1 épreuve d'artiste
31 1/2 x 47 5/8 in, 39 3/8 x 39 3/8 in or 31 1/2 x 52 3/4 in
Edition of 5 + 1 artist's proof

LIBERTY

Impression jet d'encre pigmentaire
sur papier Hahnemühle Photo Rag Baryta
Pigment inkjet print on Hahnemühle Photo Rag Baryta paper

80 x 109 cm
Édition de 5 + 1 épreuve d'artiste
31 1/2 x 42 15/16 in
Edition of 5 + 1 artist's proof

120 x 163 cm
Édition de 3 + 1 épreuve d'artiste
47 1/4 x 64 3/16 in
Edition of 3 + 1 artist's proof

DIASPORA

Impression jet d'encre pigmentaire
sur papier Harman by Hahnemühle Matt Cotton Smooth
Pigment inkjet print on Harman by Hahnemühle Matt Cotton Smooth paper

40 x 60 cm ou 60 x 60 cm
Édition de 8 + 2 épreuves d'artiste
15 3/4 x 23 5/8 in or 23 5/8 x 23 5/8 in
Edition of 8 + 2 artist's proofs

80 x 120 cm ou 90 x 90 cm
Édition de 8 + 2 épreuves d'artiste
31 1/2 x 47 1/4 in or 35 7/16 x 35 7/16 in
Edition of 8 + 2 artist's proofs

Collections publiques
Public Collections

The Block Museum of Art - Northwestern University, Evanston
Brooklyn Museum, New York
The Cleveland Museum of Art, Cleveland
FENIX Museum of Migration, Rotterdam
Fitchburg Art Museum, Fitchburg
Fondation Louis Vuitton, Paris
Frac Nouvelle-Aquitaine MÉCA, Bordeaux
Harn Museum of Art - University of Florida, Gainesville
Musée de la Photographie de Saint-Louis, Saint-Louis
The Museum of Fine Arts, Houston
Minneapolis Institute of Art, Minneapolis
North Carolina Museum of Art, Raleigh
Pizzuti Collection of the Columbus Museum of Art, Columbus
Tang Teaching Museum - Skidmore College, Saratoga Springs

Remerciements
Acknowledgements

Pour leur soutien manifesté à l'occasion de la création de cet ouvrage, André Magnin et toute l'équipe de la Galerie MAGNIN-A tiennent à remercier chaleureusement :
For their support in the making of this book, André Magnin and the whole MAGNIN-A Gallery team wish to thank warmly:

Agnès Dahan

5 Continents Editions :
Antonella Trotta
Eric Ghysels

Atelier Boba – Studio Bordas :
Ryan Boatright
Marion Baldi

CLEVERIZE :
Christophe Éon
Lucie Éon,
Charles Levy

Marvin Adoul
Renée Mussai
Imani Perry

Omar Victor Diop remercie :
Omar Victor Diop thanks:

Papa, Maman et tout le clan Diop
Dad, Mom and the whole Diop clan

André, Philippe, Hugo et l'équipe MAGNIN-A
André, Philippe, Hugo and the MAGNIN-A team

Sam Attyé

Maryse Condé et Léopold Sédar Senghor pour l'inspiration.
Maryse Condé and Léopold Sédar Senghor for the inspiration.

Conception graphique *Graphic Design*: Agnès Dahan Studio, Paris

GALERIE MAGNIN-A
Fondateur *Founder*: André Magnin
Directeur général *Managing Director*: Philippe Boutté
Directeur adjoint *Deputy Director*: Hugo Brami
Chef de projet *Project Manager*: Marie-Charlotte Plagnol
Régie, scénographie *Operations, Scenography*: Cyrille Martin

5 CONTINENTS EDITIONS
Éditrice Art Contemporain et Photographie *Editor Contemporary Art and Photography*: Antonella Trotta
Direction artistique *Art Direction*: Annarita De Sanctis
Coordination éditoriale *Editorial Coordination*: Elena Carotti
en collaboration avec *in collaboration with*: Lucia Moretti
Secrétariat de rédaction *Editing*: Marie-Christine Raguin, Olivier Godefroy, Charles Gute
Traduction *Translation*: Nicolas Véron, Julian Comoy
Photogravure *Color Separation*: Pixel Studio, Bresso, Italy

Première réimpression – Septembre 2022
First reprint – September 2022

ISBN 978-88-7439-993-2

Distribution en France et pays francophones
BELLES LETTRES / Diffusion L'entreLivres
Distributed by ACC Art Books throughout the world excluding Italy.
Distributed in Italy and Switzerland by Messaggerie Libri S.p.A.

www.fivecontinentseditions.com

Achevé d'imprimer en Italie sur les presses de Conti Tipocolor, Calenzano, Florence, Italie, pour le compte de 5 Continents Editions, Milan, en septembre 2022
Printed and bound in Italy in September 2022 by Conti Tipocolor, Calenzano, Florence, Italy, for 5 Continents Editions, Milan